SE 07

Curso

La diferencia entre aprobar
y sacar plaza

Auxiliar Administrativo/a

AYUNTAMIENTO DE FUENLABRADA

PARTE COMÚN

Si aún no dispones de tu **Curso MAD360**, te ofrecemos un acceso GRATIS de 30 días para que disfrutes de los siguientes recursos:

- Técnicas de Memoria 360.
- MADTEST: Test *online* Nivel PRO.
- Temario en formato digital.
- Vídeos y esquemas.
- Planificación de estudio.
- Foro entre opositores hasta la fecha del examen.*
- Recursos y novedades exclusivas.
- Consúltanos sobre tu oposición y proceso selectivo.
- Actualizaciones legislativas (Boletines Oficiales) hasta 60 días antes de la fecha del examen.*

Para acceder a esta prueba del Curso MAD360** será necesaria la compra de todos los libros de la parte común para esta especialidad, edición 2025.

Regístrate en **mad.es/iniciar-sesion** y en la pestaña MIS CURSOS valida los códigos que encuentras en la última página de tus libros.

NOTA IMPORTANTE:

* Examen de esta categoría profesional correspondiente a la convocatoria publicada en el BOE n.º 291, de 4 de diciembre de 2025, o hasta el 31 de enero de 2027, lo que se cumpla antes, y previa renovación del servicio.

** El acceso al CURSO MAD360 estará disponible desde enero de 2026 (algunos recursos podrían estar disponibles en fecha posterior). Tendrá una duración de 30 días RENOVABLES mediante pago, desde la validación de códigos, o hasta el 31 de julio de 2027, lo que se cumpla antes.

MAD se reserva el derecho a ampliar dichas fechas.

Auxiliar Administrativo/a del Ayuntamiento de Fuenlabrada

Recuerda que copiar, compartir o usar nuestros contenidos sin permiso es un delito que lleva aparejado multas y pena de prisión de seis meses a cuatro años.

Nuestros contenidos están protegidos por **derechos del autor** y el artículo 270 del Código Penal establece que no se puede reproducir, plagiar, distribuir, comunicar públicamente o explotar sin permiso, aunque **no se obtenga beneficio alguno**.

Usar contenido protegido de forma responsable y legal contribuye a mantener la calidad de los materiales. Ayúdanos a seguir creando contenidos de calidad. Protege los derechos de autor.

0292-01 X-0-0-1225

Auxiliar Administrativo/a del Ayuntamiento de Fuenlabrada

Test del
temario común

FRANCISCO JESÚS TORRES FONSECA
Licenciado en Derecho

LIDIA PONCE MARTÍNEZ
Licenciada en Psicología

ELENA GARCÍA FERNÁNDEZ
Licenciada en Derecho

TERESA MARÍA TORRES FONSECA
Licenciada en Derecho

CARLOS TOJEIRO ALCALÁ
Ingeniero Informático
Titulado Mcp De Microsoft

SERGIO JIMENO MOLINS
Ingeniero Superior en Telecomunicaciones
Profesor de Educación Secundaria Obligatoria y Bachillerato

© 7 Editores Recursos para la Cualificación Profesional y el Empleo, S.L. (7 Editores)
© Los autores
Primera edición, diciembre 2025 (184 páginas)
Derechos de edición reservados a favor de 7 Editores
IMPRESO EN ESPAÑA
Diseño Portada: 7 Editores
Edita: 7 Editores
Avda. San Francisco Javier, 9 · Edificio Sevilla 2 · Planta 11 · Módulos 25-27 · 41018 Sevilla
Teléfono: 954 784 411 · WEB: www.mad.es · e-mail: administracion@7editores.com
ISBN: 979-13-702-8360-5
© "Editorial Mad" y "Eduforma" son nombres comerciales registrados de
7 Editores Recursos para la Cualificación Profesional y el Empleo, S.L.
Queda rigurosamente prohibida la reproducción total o parcial de esta obra por cualquier medio
o procedimiento sin la autorización por escrito del editor.

Índice

**La Constitución Española: estructura y contenido.
Derechos y deberes fundamentales. Garantía y suspensión.
El Tribunal Constitucional. La reforma constitucional**

1. ¿En qué se fundamenta la Constitución Española?

a) En un Estado social y democrático de Derecho.
b) En la indisoluble unidad de la Nación española.
c) En la independencia de los poderes del Estado.

2. Según el artículo 3 de la CE, el castellano es la lengua oficial del Estado y todos los españoles:

a) Tienen el deber de usar y el derecho de conocer el castellano.
b) Tienen el derecho y el deber de conocer el castellano.
c) Tienen el deber de conocer y el derecho de usar el castellano.

3. La Constitución Española reconoce y garantiza el derecho a la autonomía:

a) De las nacionalidades que la integran.
b) De las regiones que la integran.
c) De las nacionalidades y regiones que la integran.

4. El Preámbulo de la Constitución:

a) Es una declaración de intenciones, destinada a interpretar lo que se quiere alcanzar con el contenido normativo de la Constitución.
b) Se trata de un texto sin fuerza jurídica de obligar.
c) Todas las respuestas son correctas.

5. Señala la respuesta correcta respecto de la aprobación, ratificación y publicación de la Constitución Española:

a) Aprobada por las Cortes el 31 de octubre de 1978, ratificada por el pueblo en referéndum el 6 de diciembre de 1978 y publicada el 29 de diciembre de 1978.

b) Aprobada por las Cortes el 30 de octubre de 1978, ratificada por el pueblo en referéndum el 16 de diciembre de 1978 y publicada el 27 de diciembre de 1978.

c) Aprobada por las Cortes el 31 de octubre de 1978, ratificada por el pueblo en referéndum el 16 de diciembre de 1978 y publicada el 29 de diciembre de 1978.

6. ¿En qué parte de la Carta Magna se establece la exposición de motivos que impulsan la norma constitucional y los objetivos que con ella se pretenden alcanzar?

a) En el Título Preliminar.
b) En el Preámbulo.
c) En el Título I.

7. La Constitución Española fue sancionada por:

a) El Rey.
b) El Presidente del Congreso.
c) Las Cortes Generales.

8. ¿Cuáles de los siguientes españoles de origen pueden ser privados de su nacionalidad?

a) Exclusivamente los miembros de grupos terroristas.

b) Los miembros de grupos terroristas y los que atenten contra el Rey u otro miembro de la Casa Real.

c) Ningún español de origen podrá ser privado de su nacionalidad.

9. Según la CE son fundamentos del orden político y la paz social:

a) La dignidad de la persona, los derechos violables que les son inherentes y el respeto a la ley.

b) La dignidad de la persona, el desarrollo limitado de la personalidad y el respeto a la ley.

c) La dignidad de la persona, los derechos inviolables que le son inherentes, el libre desarrollo de su personalidad, el respeto a la ley y a los derechos de los demás.

10. ¿Cuál de los siguientes es considerado por la CE como uno de los valores superiores del ordenamiento jurídico?

a) La jerarquía normativa.
b) El pluralismo político.
c) La publicidad normativa.

11. La forma política del Estado español es:

a) Democracia parlamentaria.
b) Gobierno parlamentario.
c) Monarquía parlamentaria.

12. La parte de la CE que regula la estructura de los principales órganos del Estado recibe el nombre de:

a) Parte dogmática.
b) Parte orgánica.
c) Parte estatal.

13. Según la CE, la soberanía nacional:

a) Corresponde a las Cortes Generales, al estar compuestas por los representantes del pueblo.
b) Corresponde al Rey.
c) Reside en el pueblo español.

14. El derecho a la propiedad en nuestra Constitución es un Derecho:

a) Inherente a la condición humana.
b) Absoluto.
c) Limitado por la función social de la misma.

15. ¿En qué parte de la Carta Magna se señalan los valores superiores del ordenamiento jurídico?

a) En el Preámbulo.
b) En el Título Preliminar.
c) En el Título I.

16. ¿Cuál de las siguientes es una de las características de nuestra Constitución de 1978?

a) Consensuada.
b) Corta.
c) Conservadora.

17. Son el fundamento del orden político y de la paz social:

a) El libre desarrollo de la personalidad.
b) Los derechos inviolables que les son inherentes.
c) Todas las respuestas son correctas.

18. Establece el artículo 128 de la Constitución Española:

a) Que toda la riqueza del país, en sus distintas formas y sea cual fuere su titularidad está subordinada a una distribución equitativa y racional.

b) Que toda la riqueza del país, en sus distintas formas y sea cual fuere su titularidad está subordinada al interés general.

c) Que toda la riqueza del país, en sus distintas formas y cuya titularidad resultase indeterminada está subordinada a una distribución equitativa y racional.

19. ¿Qué quedará excluido de extradición?

a) Los delitos criminales.
b) Los delitos políticos.
c) Los actos de terrorismo.

20. En el artículo 132, del Título VII, sobre los bienes de dominio público y comunal, se determina que su regulación legal se inspirará en los siguientes principios:

a) Inalienabilidad, imprescriptibilidad e inembargabilidad, así como su desafectación.
b) Inalienabilidad, prescriptibilidad e inderogabilidad, así como su desafectación.
c) Inalienabilidad, imprescriptibilidad e inexorabilidad, así como su desafectación.

21. El art. 130 de la Carta Magna obliga a los poderes públicos a atender:

a) A la modernización y desarrollo de todos los sectores económicos y, en particular, de la agricultura, de la ganadería, de la pesca y de la artesanía.

b) A lo establecido en su articulado, a fin de equiparar el nivel de vida de todos los españoles.

c) Todas las respuestas son correctas.

22. ¿Qué debe ser democrático, a tenor de lo dispuesto en la Constitución Española, en los sindicatos de trabajadores y las asociaciones empresariales?

a) Su funcionamiento.
b) Su estructura interna.
c) Su funcionamiento y estructura interna.

23. ¿De cuántos Capítulos consta el Título I de la CE de 1978?

a) De tres.
b) De cinco.
c) De dos.

24. Señala la respuesta incorrecta respecto al Tribunal Constitucional:

a) Se organiza a través de las figuras del Presidente, el Pleno, las Salas y las Secciones.

b) El Presidente, será nombrado entre sus miembros por el Rey, a propuesta del mismo Tribunal en Pleno y por un período de tres años.

c) El Pleno lo preside el Presidente del Tribunal y, en su defecto, el Vicepresidente y, a falta de ambos, el Magistrado de mayor edad.

25. Para la adopción de los acuerdos de las Secciones del Tribunal Constitucional, se requerirá:

a) La presencia siempre de sus tres miembros.

b) La presencia de dos miembros, salvo que haya discrepancia, requiriéndose entonces la de sus tres miembros.

c) La presencia de tres miembros, salvo que haya discrepancia, requiriéndose entonces la de sus cinco miembros.

26. Señala la respuesta incorrecta respecto a las sentencias del Tribunal Constitucional:

a) Las sentencias y resoluciones del Tribunal Constitucional tendrán la consideración de títulos declarativos.

b) Todos los poderes públicos están obligados al cumplimiento de lo que el Tribunal Constitucional resuelva.

c) Las sentencias del Tribunal Constitucional se publicarán en el Boletín Oficial del Estado con los votos particulares, si los hubiere.

27. ¿Quién nombra a los miembros del Tribunal Constitucional?

a) El Rey.
b) El Presidente del Gobierno.
c) Las Cortes Generales.

28. ¿Cuántos de los miembros del Tribunal Constitucional son propuestos por el Consejo General del Poder Judicial?

a) Cuatro.
b) Tres.
c) Dos.

29. Los miembros del Tribunal Constitucional deberán ser nombrados entre Magistrados y Fiscales, Profesores de Universidad, Funcionarios Públicos y Abogados, todos ellos Juristas de reconocida competencia:

a) Con más de veinte años de ejercicio profesional.
b) Con más de quince años de ejercicio profesional.
c) Con más de doce años de ejercicio profesional.

30. Dispone la Carta Magna que todos contribuirán al sostenimiento de los gastos públicos de acuerdo con su capacidad económica mediante un sistema tributario justo inspirado en los principios de:

a) Legalidad y equidad.
b) Igualdad y progresividad.
c) Publicidad y legalidad.

31. Las primeras elecciones democráticas celebradas en España tras la muerte de Franco tuvieron lugar en:

a) 1975.
b) 1976.
c) 1977.

32. El referéndum en el que se aprobó popularmente la Constitución se llevó a efecto el:

a) 27 de diciembre de 1978.
b) 6 de diciembre de 1978.
c) 31 de octubre de 1978.

33. La ponencia encargada de redactar el borrador de la Constitución se constituyó en el:

a) Senado.
b) Senado y Congreso de los Diputados.
c) Congreso de los Diputados.

34. Si un poder público, en su actuación, infringe lo dispuesto en el Preámbulo de la Constitución:

a) Incurre en nulidad.
b) Incurre en inconstitucionalidad.
c) No pasa nada salvo que, como consecuencia de esa actuación, se infrinja un artículo de la propia Constitución.

35. El principio en virtud del cual el ciudadano está amparado por una legislación no sujeta a continuos vaivenes es el de:

a) Legalidad.
b) Publicidad normativa.
c) Seguridad jurídica.

36. El principio en virtud del cual un Reglamento no puede contradecir una ley es el de:

a) Legalidad.
b) Jerarquía normativa.
c) Las respuestas a) y b) son correctas.

37. Según la Constitución, una norma que imponga una nueva pena más leve para un delito:

a) No se aplica retroactivamente.
b) Puede aplicarse retroactivamente.
c) Ha de ser reglamentaria.

38. Todos los españoles, respecto al castellano, tienen el:

a) Derecho-deber de conocerlo.
b) Derecho de usar y deber de conocerlo.
c) Derecho-deber de usarlo.

39. La capital del Estado en España es:

a) La propia de cada Comunidad Autónoma.
b) La villa de Madrid.
c) Aquella donde se establezca en cada momento el Gobierno de la Nación.

40. El Título de la Constitución que trata de la reforma constitucional es el:

a) Primero.
b) Décimo.
c) Noveno.

41. El Defensor del Pueblo se regula en el siguiente Título y Capítulo de la Constitución, respectivamente:

a) Preliminar y 1.º
b) Segundo y 4.º
c) Primero y 4.º

42. El Título de la misma que trata del Gobierno y la Administración es el:

a) Tercero.
b) Cuarto.
c) Quinto.

43. Los principios rectores de la política social y económica se regulan en el siguiente Capítulo y Título de la Constitución:

a) Segundo del Primero.
b) Tercero del Primero.
c) Tercero del Preliminar.

44. La derogación de una norma posconstitucional que vaya en contra de la Constitución se efectúa por el/la/las:

a) Propia Constitución.
b) Tribunal Constitucional.
c) Cortes Generales.

45. El pluralismo político, para nuestra Constitución, es un/una:

a) Principio General del ordenamiento político.
b) Valor superior del ordenamiento jurídico.
c) Principio rector de la política social y económica.

46. La forma política del Estado español es:

a) Unitaria y regionalizada.
b) Federal.
c) La Monarquía Parlamentaria.

47. La justicia, según nuestra Constitución, es un/una:

a) Principio de nuestro ordenamiento jurídico.
b) Valor superior del anterior.
c) Manifestación del Estado democrático.

48. Un español de origen puede perder esta nacionalidad:

a) Por sanción administrativa.
b) Cuando libremente renuncie a la misma.
c) Por condena penal.

49. Constituye el fundamento del orden público y de la paz social, según la Constitución, el/la/los:

a) Derechos inviolables inherentes a la persona.
b) Estado social y democrático de Derecho.
c) Seguridad jurídica.

50. Las Comunidades Autónomas deben usar o instalar la bandera española:

a) En sus edificios.
b) En los actos oficiales.
c) Cuando lo solicite el Delegado del Gobierno de la Nación en las mismas.

51. Deben tener una estructura interna y un funcionamiento democrático los/las:

a) Partidos Políticos.
b) Colegios Profesionales.
c) Todos ellos.

52. La defensa de la integridad territorial de España se atribuye por la Constitución a/al/a las:

a) Fuerzas y Cuerpos de Seguridad.
b) Fuerzas Armadas.
c) Gobierno de la Nación.

53. El Título de la Constitución que trata de las relaciones entre el Gobierno y las Cortes Generales es el:

a) Cuarto.
b) Quinto.
c) Sexto.

54. La Constitución entró en vigor:

a) Al día siguiente de su publicación en el Boletín Oficial del Estado.
b) El 27 de diciembre de 1978.
c) El 29 de diciembre de 1978.

55. Los medios de producción, según nuestra Constitución, serán:

a) Públicos.
b) Privados.
c) Intervenidos.

56. Toda la riqueza del país, en sus distintas formas, respecto del interés general:

a) Le está subordinada.
b) Tiene primacía sobre el mismo.
c) Posibilita a los poderes públicos para ostentar su titularidad por cualquier medio.

57. Respecto a las sociedades cooperativas, según la Constitución, los poderes públicos deben:

a) Crearlas.
b) Suprimirlas.
c) Fomentarlas.

58. La iniciativa económica pública en España:

a) Debe ser subsidiaria de la privada.
b) Se prohíbe al consagrarse la libertad de empresa en el marco de la economía de mercado.
c) Está reconocida por la Constitución.

59. La planificación de la actividad económica se hará a través de:

a) Consenso con las fuerzas sociales.
b) Ley.
c) Decreto del Consejo de Ministros.

60. La creación de un tributo por una Corporación Local:

a) Se permite solo para su ámbito de actuación.
b) Está permitida, sin limitación alguna.
c) No se admite en nuestro ordenamiento jurídico.

61. En virtud del principio de progresividad tributaria:

a) Se implantarán paulatinamente cada vez mayores tributos.
b) Los tipos impositivos serán regresivos.
c) Nada de lo expuesto es cierto.

62. Además de en la vida económica y política, los poderes públicos deben fomentar la participación de los ciudadanos en la vida:

a) Cultural.
b) Social.
c) Las respuestas a) y b) son correctas.

63. El proyecto de Ley de Presupuestos Generales del Estado se aprueba por el/las:

a) Gobierno de la Nación.
b) Cortes Generales.
c) Ministerio de Hacienda.

64. Puede instar la reforma de la Constitución el/los/las:

a) Asambleas Legislativas de las Comunidades Autónomas.
b) Presidente del Gobierno de la Nación.
c) Consejos de Gobierno de las Comunidades Autónomas.

65. No puede instar la reforma de la Constitución el/los:

a) Presidente del Gobierno de la Nación.
b) Gobierno de la Nación.
c) Congreso de los Diputados.

66. En el procedimiento ordinario de reforma constitucional, el referéndum es:

a) Obligatorio en todo caso.
b) Preceptivo cuando se solicite por una décima parte de los Diputados o Senadores, dentro de los quince días siguientes a la aprobación de la reforma.
c) Voluntario en cualquier caso.

67. La disolución de las Cortes Generales, cuando se va a proceder a la reforma de la Constitución, se produce en caso de:

a) Reforma por el procedimiento excepcional.
b) Reforma por el procedimiento ordinario.
c) Cualquier tipo de reforma.

68. No puede iniciarse la reforma constitucional en:

a) Tiempo de guerra.
b) El supuesto de que el Rey no lo estime oportuno.
c) Un período extraordinario de sesiones de las Cámaras.

69. En el procedimiento general de reforma constitucional, en principio, el proyecto de reforma debe ser aprobado por:

a) El Congreso de los Diputados por mayoría de dos tercios.
b) El Congreso de los Diputados y el Senado por mayoría de tres quintos.
c) Ambas Cámaras, por mayoría absoluta.

70. El procedimiento excepcional de reforma está previsto en caso de intentarse esta respecto del siguiente Título de la Constitución:

a) Cualquiera.
b) Segundo.
c) Tercero.

Solución al test n.º 1

1. b) En la indisoluble unidad de la Nación española.

2. c) Tienen el deber de conocer y el derecho de usar el castellano.

3. c) De las nacionalidades y regiones que la integran.

4. c) Todas las respuestas son correctas.

5. a) Aprobada por las Cortes el 31 de octubre de 1978, ratificada por el pueblo en referéndum el 6 de diciembre de 1978 y publicada el 29 de diciembre de 1978.

6. b) En el Preámbulo.

7. a) El Rey.

8. c) Ningún español de origen podrá ser privado de su nacionalidad.

9. c) La dignidad de la persona, los derechos inviolables que le son inherentes, el libre desarrollo de su personalidad, el respeto a la ley y a los derechos de los demás.

10. b) El pluralismo político.

11. c) Monarquía parlamentaria.

12. b) Parte orgánica.

13. c) Reside en el pueblo español.

14. c) Limitado por la función social de la misma.

15. b) En el Título Preliminar.

16. a) Consensuada.

17. c) Todas las respuestas son correctas.

18. b) Que toda la riqueza del país, en sus distintas formas y sea cual fuere su titularidad está subordinada al interés general.

19. b) Los delitos políticos.

20. a) Inalienabilidad, imprescriptibilidad e inembargabilidad, así como su desafectación.

21. c) Todas las respuestas son correctas.

22. c) Su funcionamiento y estructura interna.

23. b) De cinco.

24. c) El Pleno lo preside el Presidente del Tribunal y, en su defecto, el Vicepresidente y, a falta de ambos, el Magistrado de mayor edad.

25. b) La presencia de dos miembros, salvo que haya discrepancia, requiriéndose entonces la de sus tres miembros.

26. a) Las sentencias y resoluciones del Tribunal Constitucional tendrán la consideración de títulos declarativos.

27. a) El Rey.

28. c) Dos.

29. b) Con más de quince años de ejercicio profesional.

30. b) Igualdad y progresividad.

31. c) 1977.

32. b) 6 de diciembre de 1978.

33. c) Congreso de los Diputados

34. c) No pasa nada, salvo que, como consecuencia de esa actuación, se infrinja un artículo de la propia Constitución.

35. c) Seguridad jurídica.

36. c) Las respuestas a) y b) son correctas.

37. b) Puede aplicarse retroactivamente.

38. b) Derecho de usar y deber de conocerlo.

39. b) La villa de Madrid.

40. b) Décimo.

41. c) Primero y 4.º

42. b) Cuarto.

43. b) Tercero del Primero.

44. a) Propia Constitución.

45. b) Valor superior del ordenamiento jurídico.

46. c) La Monarquía Parlamentaria.

47. b) Valor superior del anterior.

48. b) Cuando libremente renuncie a la misma.

49. a) Derechos inviolables inherentes a la persona.

50. b) En los actos oficiales.

51. c) Todos ellos.

52. b) Fuerzas Armadas.

53. b) Quinto.

54. c) El 29 de diciembre de 1978.

55. b) Privados.

56. a) Le está subordinada.

57. c) Fomentarlas.

58. c) Está reconocida por la Constitución.

59. b) Ley.

60. c) No se admite en nuestro ordenamiento jurídico.

61. c) Nada de lo expuesto es cierto.

62. c) Las respuestas a) y b) son correctas.

63. a) Gobierno de la Nación.

64. a) Asambleas Legislativas de las Comunidades Autónomas.

65. a) Presidente del Gobierno de la Nación.

66. b) Preceptivo cuando se solicite por una décima parte de los Diputados o Senadores, dentro de los quince días siguientes a la aprobación de la reforma.

67. a) Reforma por el procedimiento excepcional.

68. a) Tiempo de guerra.

69. b) El Congreso de los Diputados y el Senado por mayoría de tres quintos.

70. b) Segundo.

TEST N.º 2

La Constitución Española de 1978. La organización territorial del Estado. Las Comunidades Autónomas: constitución y distribución de competencias. La Administración Local

1. La determinación de la hora en el archipiélago canario es competencia:

a) Exclusiva del Estado.
b) Compartida de la Comunidad Autónoma y el Estado.
c) Propia de la Unión Europea.

2. La federación de Comunidades Autónomas:

a) Podrá ser autorizada por las Cortes Generales por motivos de interés nacional.
b) No se admitirán en caso alguno, aunque sí la confederación de Comunidades Autónomas.
c) No se admitirá en ningún caso.

3. Según el artículo 153 de la CE, el control de la actividad de los órganos de las Comunidades Autónomas no se ejercerá por:

a) El Tribunal Constitucional.
b) El Congreso de los Diputados.
c) El Tribunal de Cuentas.

4. Señala la respuesta correcta:

a) Las diferencias entre los Estatutos de las distintas Comunidades Autónomas no podrán implicar privilegios económicos o sociales.
b) Cualquier autoridad podrá adoptar medidas que directa o indirectamente obstaculicen la libertad de circulación y establecimiento de las personas y la libre circulación de bienes en todo el territorio español.
c) El Estado se organiza territorialmente en municipios, en provincias y en las islas que se constituyan.

5. ¿Cómo ha de ser aprobada cualquier alteración de los límites provinciales, según la Constitución?

a) Por Ley de la Asamblea de la Comunidad respectiva.
b) Mediante una Ley de Bases.
c) Mediante Ley Orgánica y por las Cortes Generales.

6. La reforma de un Estatuto, según el artículo 147 de la CE se ajustará, ¿a qué procedimiento?

a) Al establecido en la Constitución.
b) Al establecido en el Estatuto.
c) Al establecido por las Cortes Generales.

7. ¿A quién corresponde la iniciativa del proceso autonómico si un territorio insular quiere ejercer su derecho a la autonomía?

a) Al órgano interinsular correspondiente y a las 3/4 partes de los municipios cuya población represente, al menos, la mayoría del censo electoral de la isla.
b) A la Diputación provincial y a las 2/3 partes de los municipios cuya población represente, al menos, la mayoría del censo electoral de la isla.
c) Ninguna es correcta.

8. ¿Quién elabora el proyecto de Estatuto según el artículo 146 de la CE?

a) Las Cortes Generales que lo tramitarán como ley.
b) Una asamblea compuesta por los miembros de la Diputación u órgano interinsular de las provincias afectadas y por los diputados y senadores elegidos en ellas.
c) Los Gobiernos de las provincias afectadas y los diputados y senadores elegidos en ellas.

9. Si una Comunidad Autónoma no cumpliere las obligaciones que la Constitución u otras leyes le impongan, o actuare de forma que atente gravemente al interés general de España:

a) Las Cortes, previo requerimiento al Presidente de la Comunidad Autónoma y en el caso de no ser atendido, con la aprobación por mayoría absoluta del Congreso, podrá adoptar las medidas necesarias para obligar a aquella al cumplimiento forzoso de dichas obligaciones o para la protección del mencionado interés general.
b) El Presidente del Gobierno, previo requerimiento al Presidente de la Comunidad Autónoma y, en el caso de no ser atendido, con la aprobación por mayoría absoluta de las Cortes Generales, podrá adoptar las medidas necesarias para obligar a aquella al cumplimiento forzoso de dichas obligaciones o para la protección del mencionado interés general.
c) El Gobierno, previo requerimiento al Presidente de la Comunidad Autónoma y, en el caso de no ser atendido, con la aprobación por mayoría absoluta del Senado, podrá adoptar las medidas necesarias para obligar a aquella al cumplimiento forzoso de dichas obligaciones o para la protección del mencionado interés general.

10. El Estado tiene competencia exclusiva en:

a) La legislación sobre propiedad intelectual e industrial.
b) Los montes y aprovechamientos forestales.
c) La asistencia social.

11. La iniciativa del proceso autonómico corresponde, según el artículo 143 de la CE:

a) A todos los municipios interesados.
b) A una tercera parte de los municipios cuya población represente, al menos, la mayoría absoluta del censo electoral de cada provincia.
c) Al órgano interinsular correspondiente y a las dos terceras partes de los municipios cuya población represente, al menos, la mayoría del censo electoral de cada provincia o isla.

12. El Estado y las Comunidades Autónomas, en el ejercicio de sus respectivas competencias:

a) No podrán delegar competencias en los municipios.
b) Pueden delegar el ejercicio de sus competencias cuando se lo autorice el gobierno.
c) Podrán delegar en los municipios el ejercicio de sus competencias.

13. El municipio y la provincia:

a) Tienen personalidad jurídica y plena capacidad para el cumplimiento de sus fines.
b) No tienen personalidad jurídica, pero sí capacidad para el cumplimiento de sus fines.
c) Tienen personalidad jurídica y necesitan supervisión de la autorizada autonómica para el cumplimiento de sus fines.

14. El plazo de cumplimiento de requisitos del proceso de iniciativa en el artículo 143 de la CE:

a) Siempre será de seis meses.
b) Puede ser inferior a seis meses.
c) El plazo de exposición mínimo, es de seis meses.

15. De acuerdo con el principio de supletoriedad previsto en el artículo 149.3 de la CE, el derecho estatal será:

a) Nunca supletorio del derecho de las Comunidades Autónomas.
b) En todo caso, supletorio del derecho de las Comunidades Autónomas.
c) Supletorio del derecho de las Comunidades Autónomas, pero únicamente en lo que no esté atribuido a la exclusiva competencia de estas.

16. Según el artículo 142 de la CE, las Haciendas Locales se nutrirán:

a) Exclusivamente de tributos propios y de participación en los del Estado.
b) Fundamentalmente de tributos propios y de participación en los del Estado y de las Comunidades Autónomas.
c) Exclusivamente de tributos propios y de participación en los del Estado y de las Comunidades Autónomas.

17. Según el artículo 149.1.18 de la CE, las bases del procedimiento administrativo común:

a) Es una competencia exclusiva del Estado.
b) Es una competencia exclusiva del Estado, que puede ser desarrollada por las Comunidades Autónomas de acuerdo con la normativa estatal.
c) Es una competencia compartida entre el Estado y las Comunidades Autónomas.

18. La potestad originaria para establecer tributos corresponde:

a) Al Estado, exclusivamente.
b) Al Estado y a las Comunidades Autónomas.
c) A todas las entidades de carácter territorial.

19. La protección del medio natural:

a) Es una competencia obligatoria de los municipios de gran población.
b) Es una competencia propia de los municipios de más de 20.000 habitantes.
c) Es una competencia delegable por la Administración del Estado y la de las Comunidades Autónomas.

20. De conformidad con lo establecido en el artículo 148 de la CE, las Comunidades Autónomas podrán asumir competencias en las siguientes materias:

a) La agricultura y ganadería, de acuerdo con la ordenación general de la economía.
b) Ferias internacionales.
c) Fomento y coordinación general de la investigación científica y técnica.

21. Si una ley estatal o autonómica lesiona la autonomía local, los entes locales podrán:

a) Interponer ante el Tribunal Supremo un recurso de inconstitucionalidad.
b) Interponer ante el Tribunal Constitucional un recurso de amparo.
c) Acudir al Tribunal Constitucional a través del denominado conflicto en defensa de la autonomía local.

22. Según la CE, el gobierno y administración de los municipios corresponde a:

a) El Pleno de los Ayuntamientos.
b) El Pleno, la Junta de Gobierno Local y el Alcalde.
c) Los Ayuntamientos, integrados por los Alcaldes y los Concejales.

23. El artículo 141 de la CE define la provincia como:

a) Entidad Local con personalidad jurídica propia, determinada por la agrupación de municipios y división territorial para el cumplimiento de sus fines. Cualquier alteración de los límites provinciales habrá de ser aprobada mediante ley.
b) Entidad Local con personalidad jurídica propia, determinada por la agrupación de municipios y división territorial para el cumplimiento de las actividades del Estado. Cualquier alteración de los límites provinciales habrá de ser aprobada mediante ley orgánica.
c) Entidad Local con personalidad jurídica propia, determinada por la agrupación de municipios y división territorial para el cumplimiento de las actividades del Estado y de las Comunidades Autónomas. Cualquier alteración de los límites provinciales habrá de ser aprobada mediante ley orgánica.

24. De acuerdo con el artículo 152 de la Constitución Española de 1978, la organización institucional en los Estatutos de Autonomía aprobados por el procedimiento del artículo 151 se basa en:

a) Una Asamblea Legislativa, un Consejo de Gobierno y un Presidente.
b) Una Asamblea, un Consejo Legislativo y un Presidente.
c) Una Asamblea Local, un Consejo de Gobierno y un Presidente.

25. Las Comunidades Autónomas, ¿pueden celebrar tratados internacionales?

a) No, pero podrán solicitar al Gobierno la apertura de negociaciones para la celebración de tratados internacionales que tengan por objeto materias de su competencia o interés específico, o por afectar de manera especial a su respectivo ámbito territorial.
b) Sí, siempre que así lo autorice las Cortes Generales por mayoría simple.
c) Sí, a propuesta del Gobierno Autonómico, pero solo para tratados internacionales que tengan por objeto materias de su competencia o interés específico o por afectar de manera especial a su respectivo ámbito territorial.

26. ¿Quién ejerce el control económico y presupuestario, de la actividad de los órganos de las Comunidades Autónomas?

a) Tribunal Constitucional.
b) Consejo de Estado.
c) Tribunal de Cuentas.

27. Determina cuál de las siguientes competencias se configura como exclusiva del Estado en los términos del artículo 149 de la CE:

a) Artesanía.
b) Acuicultura.
c) Régimen aduanero y arancelario; comercio exterior.

28. El art. 156 CE establece que las Comunidades Autónomas gozarán de autonomía financiera para el desarrollo y ejecución de sus competencias con arreglo a los principios de:

a) Igualdad entre Comunidades Autónomas y eficacia en la gestión del gasto.
b) Austeridad en el gasto y solidaridad entre las regiones.
c) Coordinación con la Hacienda estatal y de solidaridad entre todos los españoles.

29. ¿Quién es competente, según el artículo 150 para atribuir a todas o a alguna de las Comunidades Autónomas la facultad de dictar, para sí mismas, normas legislativas en el marco de los principios, bases y directrices fijados por una ley estatal?

a) El Congreso de los Diputados.
b) Las Cortes Generales.
c) Las Asambleas Legislativas de las Comunidades Autónomas.

30. En relación con el control de la actividad de los órganos de las Comunidades Autónomas, según el artículo 153, el relativo a la administración autónoma y sus normas reglamentarias corresponderá:

a) A la Jurisdicción Contencioso-Administrativa.
b) Al Tribunal de Cuentas.
c) Al Gobierno.

31. ¿Qué Título de la Constitución Española se dedica a la organización territorial del Estado?

a) El Título VI.
b) El Título VII.
c) El Título VIII.

32. Señala la Constitución Española que las diferencias entre los Estatutos de las distintas Comunidades Autónomas no podrán implicar, en ningún caso, privilegios:

a) Políticos y sociales.
b) Económicos y sociales.
c) Culturales y sociales.

33. ¿Cuáles son los dos principios básicos del derecho a la autonomía según ENTRENA CUESTA?

a) Solidaridad y autogobierno.
b) Igualdad y solidaridad.
c) Cooperación y coordinación.

34. De acuerdo con los arts. 143 y 144 CE, las Comunidades Autónomas podrán formarse por:

a) Los territorios insulares.
b) Las Provincias limítrofes con características históricas, culturales y económicas comunes.
c) Todas las respuestas son correctas.

35. ¿Qué artículo de la Constitución Española regula las vías ordinarias de acceso a la autonomía que fue adoptada por las Provincias limítrofes con características históricas, culturales y económicas comunes, los territorios insulares y las Provincias con entidad regional histórica?

a) El art. 140.
b) El art. 141.
c) El art. 143.

36. Las Cortes Generales podrán, por motivos de interés nacional, autorizar o acordar, en su caso, un Estatuto de Autonomía para territorios que no estén integrados en la organización provincial, mediante:

a) Ley Orgánica.
b) Ley Ordinaria.
c) Real Decreto.

37. ¿En qué caso excepcional admite el art. 145 de la Constitución Española la federación de Comunidades Autónomas?

a) Cuando así lo decidan los Parlamentos de las Comunidades Autónomas afectadas, mediante acuerdo adoptado por la mayoría absoluta de sus miembros y lo autoricen las Cortes Generales, mediante una Ley Orgánica.
b) Cuando lo aprueben por mayoría absoluta todos los Ayuntamientos de las CCAA afectadas, y así lo autoricen las Cortes Generales, mediante una Ley Orgánica.
c) En ningún caso.

38. ¿Qué equivalencia tienen las Viceconsejerías de las Comunidades Autónomas?

a) Secretarías de Estado.
b) Subsecretarías de los Ministerios.
c) Secretarías Generales.

39. ¿Quién controla la actividad de la Administración autónoma y sus normas reglamentarias?

a) El Tribunal Constitucional.
b) El Gobierno.
c) La Jurisdicción Contencioso-Administrativa.

40. El art. 156 CE establece que las Comunidades Autónomas gozarán de autonomía financiera para el desarrollo y ejecución de sus competencias con arreglo a los principios de:

a) Igualdad entre Comunidades Autónomas y eficacia en la gestión del gasto.
b) Austeridad en el gasto y solidaridad entre las regiones.
c) Coordinación con la Hacienda estatal y de solidaridad entre todos los españoles.

41. Señala uno de los recursos de las Comunidades Autónomas:

a) Sus propios impuestos, tasas y contribuciones especiales.
b) Rendimientos procedentes de su patrimonio e ingresos de Derecho Privado.
c) Todas las respuestas son correctas.

42. ¿Cuál es el Fondo diseñado por la Constitución Española para corregir los desequilibrios económicos interterritoriales y hacer efectivo el principio de solidaridad?

a) El Fondo de Garantía.
b) El Fondo de Compensación.
c) El Fondo de Solidaridad.

43. ¿A quién corresponde distribuir los recursos del Fondo de Compensación entre las Comunidades Autónomas y provincias, en su caso?

a) Al Gobierno.
b) A las Cortes Generales.
c) Federación Española de Municipios y Provincias.

44. ¿Qué artículo de la Constitución Española señala las competencias que podrán asumir las Comunidades Autónomas?

a) El art. 145.
b) El art. 146.
c) El art. 148.

45. Transcurridos cuántos años, y mediante la reforma de sus Estatutos, las Comunidades Autónomas podrán ampliar sus competencias dentro del marco establecido en el art. 149, que se refiere a las competencias exclusivas del Estado:

a) Dos años.
b) Cinco años.
c) Diez años.

46. El Estado podrá dictar leyes que establezcan los principios necesarios para armonizar las disposiciones normativas de las Comunidades Autónomas, aun en el caso de materias atribuidas a la competencia de estas, cuando así lo exija el interés general. ¿A quién corresponde la apreciación de esta necesidad?

a) Al Presidente del Gobierno.
b) Al Consejo de Ministros.
c) A las Cortes Generales, por mayoría absoluta de cada Cámara.

47. Señala cuál de las siguientes es una de las competencias exclusivas del Estado, a raíz del art. 149 de la Constitución Española:

a) La artesanía.
b) Asistencia social.
c) Legislación sobre productos farmacéuticos.

48. Los Estatutos de Autonomía deberán contener:

a) La denominación, organización y sede de las instituciones autónomas propias.
b) La denominación de la Comunidad que mejor corresponda a su identidad histórica.
c) Todas las respuestas son correctas.

49. ¿Quién controla lo relativo a la constitucionalidad de las disposiciones normativas con fuerza de Ley de las Comunidades Autónomas?

a) El Gobierno.
b) Las Cortes Generales.
c) El Tribunal Constitucional.

50. ¿Quién controla lo relativo a la actividad económica y presupuestaria de las Comunidades Autónomas?

a) El Tribunal Constitucional.
b) El Tribunal Supremo.
c) El Tribunal de Cuentas.

51. ¿Cuáles son las Entidades Locales integradas por los Municipios de grandes aglomeraciones urbanas entre cuyos núcleos de población existen vinculaciones económicas y sociales que hacen necesaria la planificación conjunta y la coordinación de determinados servicios y obras?

a) Las Áreas Metropolitanas.
b) Las Comarcas.
c) Las Mancomunidades de Municipios.

52. ¿Cuántas Comunidades Autónomas uniprovinciales hay en España?

a) 5.
b) 6.
c) 7.

53. ¿Qué artículo de la Carta Magna proclama que la Constitución se fundamenta en la indisoluble unidad de la Nación española, patria común e indivisible de todos los españoles, y reconoce y garantiza el derecho a la autonomía de las nacionalidades y regiones que la integran y la solidaridad de todas ellas?

a) El art. 1.
b) El art. 2.
c) El art. 9.2.

54. Las Comunidades Autónomas se encuentran sometidas al control de:

a) Los Tribunales de Justicia.
b) El Tribunal Constitucional.
c) Todas las respuestas son correctas.

55. Señala la respuesta correcta respecto a los Estatutos de Autonomía:

a) Pueden considerarse como la peculiar Constitución de cada Comunidad Autónoma.
b) Son una ley orgánica integrada con este carácter en el total ordenamiento jurídico de la Nación española.
c) Todas las respuestas son correctas.

56. ¿Quién nombra al Presidente del Consejo de Gobierno de las Comunidades Autónomas?

a) El Rey.
b) La Asamblea de la Comunidad Autónoma.
c) El Presidente de la CC.AA.

57. Indica una de las competencias que podrán asumir las Comunidades Autónomas, en virtud del art. 148 CE:

a) Patrimonio monumental de interés de la Comunidad Autónoma.
b) Asistencia social.
c) Todas las respuestas son correctas.

58. ¿Quién puede, en materia de competencia estatal, atribuir a todas o a alguna de las Comunidades Autónomas la facultad de dictar, para sí mismas, normas legislativas en el marco de los principios, bases y directrices fijados por una Ley estatal?

a) El Tribunal Constitucional.
b) El Presidente del Gobierno.
c) Las Cortes Generales.

59. Señala una de las características de la Administración Local:

a) A diferencia de la Administración Periférica del Estado, la Local está integrada por Entes, no por órganos, es decir, por sujetos de Derecho con personalidad jurídica propia.
b) La Administración Local forma parte de la Administración Pública, por lo que los Entes que en ella se comprenden están investidos de las prerrogativas y potestades propias de aquella, si bien tales prerrogativas y potestades no les corresponden con carácter originario, sino derivado.
c) Todas las respuestas son correctas.

60. ¿Cómo se denomina la Entidad Local determinada por la agrupación de Municipios, con personalidad jurídica propia y plena capacidad para el cumplimiento de sus fines?

a) Comunidad Autónoma.
b) Diputación.
c) Provincia.

61. Los Alcaldes serán elegidos por:

a) Los Concejales, los vecinos y por los miembros de la Diputación.
b) Los Concejales o por los vecinos, según el tipo de Ayuntamiento.
c) Los Concejales.

62. Los puertos son de competencia:

a) Solo podrán ser de competencia autonómica cuando no sean comerciales.
b) Exclusiva estatal siempre.
c) Los puertos de interés general son de competencia estatal.

63. La posibilidad de que las Comunidades Autónomas amplíen sus competencias requiere:

a) La reforma de sus Estatutos en cualquier caso.
b) Siempre ley estatal especial.
c) Refrendo popular y ley de Cortes.

64. La federación entre las Comunidades Autónomas:

a) No está prevista en la Carta Magna.
b) Se encuentra prohibida en la Constitución.
c) Requiere ley orgánica y autorización previa por las Cortes Generales.

65. El control de las funciones delegadas por el Estado a las Comunidades Autónomas en materia de titularidad estatal se realiza por:

a) El Tribunal de Cuentas.
b) El Tribunal Constitucional.
c) El Gobierno.

66. ¿Quién nombra a los Delegados del Gobierno?

a) El Rey.
b) El Gobierno.
c) La persona titular del Ministerio de Administraciones Públicas.

67. La asignación a las Comunidades establecida en los Presupuestos Generales se distribuye por:

a) El Senado.
b) El Congreso de los Diputados.
c) Las Cortes Generales.

68. En materia de expropiación forzosa, según la distribución de competencias que realiza la Constitución entre el Estado y las Comunidades Autónomas:

a) No corresponde a las Comunidades Autónomas la ejecución de la legislación.
b) Solo puede expropiar el Estado.
c) Corresponde al Estado legislar.

69. Los requisitos para la iniciativa autonómica, previstos en la Constitución, son de carácter:

a) Alternativo.
b) Opcional.
c) Acumulativo.

70. Indica cuál de las siguientes respuestas es correcta:

a) Las Comunidades Autónomas pueden obstaculizar la libre circulación de bienes en el territorio español.
b) Cualquier Comunidad Autónoma puede impedir el establecimiento en su territorio de españoles de otras Comunidades Autónomas.
c) La diferencia entre los Estatutos de las diferentes Comunidades Autónomas no podrá implicar, en ningún caso, privilegios económicos o sociales.

Solución al test n.º 2

1. a) Exclusiva del Estado.

2. c) No se admitirá en ningún caso.

3. b) El Congreso de los Diputados.

4. a) Las diferencias entre los Estatutos de las distintas Comunidades Autónomas no podrán implicar privilegios económicos o sociales.

5. c) Mediante Ley Orgánica y por las Cortes Generales.

6. b) Al establecido en el Estatuto.

7. c) Ninguna es correcta.

8. b) Una asamblea compuesta por los miembros de la Diputación u órgano interinsular de las provincias afectadas y por los diputados y senadores elegidos en ellas.

9. c) El Gobierno, previo requerimiento al Presidente de la Comunidad Autónoma y, en el caso de no ser atendido, con la aprobación por mayoría absoluta del Senado, podrá adoptar las medidas necesarias para obligar a aquella al cumplimiento forzoso de dichas obligaciones o para la protección del mencionado interés general.

10. a) La legislación sobre propiedad intelectual e industrial.

11. c) Al órgano interinsular correspondiente y a las dos terceras partes de los municipios cuya población represente, al menos, la mayoría del censo electoral de cada provincia o isla.

12. c) Podrán delegar en los municipios el ejercicio de sus competencias.

13. a) Tienen personalidad jurídica y plena capacidad para el cumplimiento de sus fines.

14. b) Puede ser inferior a seis meses.

15. b) En todo caso, supletorio del derecho de las Comunidades Autónomas.

16. b) Fundamentalmente de tributos propios y de participación en los del Estado y de las Comunidades Autónomas.

17. a) Es una competencia exclusiva del Estado.

18. a) Al Estado, exclusivamente.

19. c) Es una competencia delegable por la Administración del Estado y la de las Comunidades Autónomas.

20. a) La agricultura y ganadería, de acuerdo con la ordenación general de la economía.

21. c) Acudir al Tribunal Constitucional a través del denominado conflicto en defensa de la autonomía local.

22. c) Los Ayuntamientos, integrados por los Alcaldes y los Concejales.

23. b) Entidad Local con personalidad jurídica propia, determinada por la agrupación de municipios y división territorial para el cumplimiento de las actividades del Estado. Cualquier alteración de los límites provinciales habrá de ser aprobada mediante ley orgánica.

24. a) Una Asamblea Legislativa, un Consejo de Gobierno y un Presidente.

25. a) No, pero podrán solicitar al Gobierno la apertura de negociaciones para la celebración de tratados internacionales que tengan por objeto materias de su competencia o interés específico, o por afectar de manera especial a su respectivo ámbito territorial.

26. c) Tribunal de Cuentas.

27. c) Régimen aduanero y arancelario; comercio exterior.

28. c) Coordinación con la Hacienda estatal y de solidaridad entre todos los españoles.

29. b) Las Cortes Generales.

30. a) A la Jurisdicción Contencioso-Administrativa.

31. c) El Título VIII.

32. b) Económicos y sociales.

33. a) Solidaridad y autogobierno.

34. c) Todas las respuestas son correctas.

35. c) El art. 143.

36. a) Ley Orgánica.

37. c) En ningún caso.

38. b) Subsecretarías de los Ministerios.

39. c) La Jurisdicción Contencioso-Administrativa.

40. c) Coordinación con la Hacienda estatal y de solidaridad entre todos los españoles.

41. c) Todas las respuestas son correctas.

42. b) El Fondo de Compensación.

43. b) A las Cortes Generales.

44. c) El art. 148.

45. b) Cinco años.

46. c) A las Cortes Generales, por mayoría absoluta de cada Cámara.

47. c) Legislación sobre productos farmacéuticos.

48. c) Todas las respuestas son correctas.

49. c) El Tribunal Constitucional.

50. c) El Tribunal de Cuentas.

51. a) Las Áreas Metropolitanas.

52. c) 7.

53. b) El art. 2.

54. c) Todas las respuestas son correctas.

55. c) Todas las respuestas son correctas.

56. a) El Rey.

57. c) Todas las respuestas son correctas.

58. c) Las Cortes Generales.

59. c) Todas las respuestas son correctas.

60. c) Provincia.

61. b) Los Concejales o por los vecinos, según el tipo de Ayuntamiento.

62. c) Los puertos de interés general son de competencia estatal.

63. a) La reforma de sus Estatutos en cualquier caso.

64. b) Se encuentra prohibida en la Constitución.

65. c) El Gobierno.

66. b) El Gobierno.

67. c) Las Cortes Generales.

68. c) Corresponde al Estado legislar.

69. c) Acumulativo.

70. c) La diferencia entre los Estatutos de las diferentes Comunidades Autónomas no podrá implicar, en ningún caso, privilegios económicos o sociales.

TEST N.º 3

La Ley 7/1985, de 2 de abril, Reguladora de las Bases del Régimen Local. Disposiciones Generales. El Municipio: concepto y elementos del municipio: territorio, población y organización municipal. Competencias municipales. La Provincia: concepto y competencias. El régimen de organización de los Municipios de Gran Población

1. Entre las potestades y prerrogativas que tienen los municipios se encuentran:

a) La tributaria y financiera.
b) De revisión de oficio de sus actos y acuerdos.
c) Todas las respuestas son correctas.

2. Los elementos del Municipio son:

a) El territorio, la población y la financiación.
b) El territorio, las instituciones y la organización.
c) La población, la organización y el territorio.

3. Según el Reglamento de Población y Demarcación Territorial de las Entidades Locales el término municipal es:

a) El territorio en que el Ayuntamiento ejerce su jurisdicción.
b) El territorio en que el Ayuntamiento ejerce sus competencias.
c) El territorio en que el Ayuntamiento ejerce su política.

4. De acuerdo con lo dispuesto en la Ley de Bases de Régimen Local:

a) La creación de nuevos municipios solo podrá realizarse sobre la base de núcleos de población territorialmente diferenciados, de al menos 25.000 habitantes.
b) La creación de nuevos municipios solo podrá realizarse sobre la base de núcleos de población territorialmente diferenciados, de al menos 4.000 habitantes.
c) La creación de nuevos municipios solo podrá realizarse sobre la base de núcleos de población territorialmente diferenciados, de al menos 3.000 habitantes.

5. ¿La alteración de términos municipales podrá suponer la modificación de los límites provinciales?

a) Solo en casos excepcionales.
b) En ningún caso.
c) Cuando concurran los requisitos establecidos en la ley.

6. En los casos de fusión de municipios:

a) El nuevo municipio se subrogará en todos los derechos y obligaciones de los anteriores municipios.
b) El órgano del gobierno del nuevo municipio resultante estará constituido transitoriamente por la suma de los concejales de los municipios fusionados.
c) Todas las respuestas son correctas.

7. Son derechos y deberes de los vecinos:

a) Contribuir mediante la aportación de sus bienes inmuebles a la realización de las competencias municipales.
b) Exigir la prestación y, en su caso, el establecimiento del correspondiente servicio público, en el supuesto de constituir una competencia municipal propia aunque no sea de carácter obligatorio.
c) Acceder a los aprovechamientos comunales.

8. La inscripción de los extranjeros en el Padrón municipal:

a) Constituirá prueba de su residencia legal en España.
b) Iniciará el expediente de adquisición de la nacionalidad española.
c) No les atribuirá ningún derecho que no les confiera la legislación vigente.

9. El padrón municipal es:

a) La base de datos donde constan los nombres de los vecinos.
b) El registro administrativo donde solo constan los domicilios de los vecinos.
c) El registro administrativo donde constan los vecinos de un municipio.

10. La inscripción en el Padrón municipal contendrá como obligatorios los siguientes datos:

a) Las matrículas de los vehículos de los vecinos.
b) El número de identificación de los aparatos tecnológicos existentes en cada casa.
c) Ninguna de las respuestas es correcta.

11. Quien viva en varios Municipios:

a) Deberá inscribirse únicamente en el Padrón municipal del municipio en el que habite durante más tiempo al año.
b) Deberá inscribirse únicamente en el Padrón municipal del municipio en el que tenga su lugar de trabajo.
c) Deberá inscribirse únicamente en el Padrón municipal del municipio en el que haya nacido.

12. ¿Existe Padrón de españoles residentes en el extranjero?

a) Sí.
b) No.
c) Sí, y su formación se realizará por la Administración General del Estado.

13. Funcionan en régimen de Concejo Abierto:

a) Los municipios de menos de 200 habitantes.
b) Los municipios de menos de 300 habitantes.
c) Los municipios que tradicional y voluntariamente cuenten con ese singular régimen de gobierno y administración.

14. La organización municipal responde a las siguientes reglas:

a) El Alcalde, los Tenientes de Alcalde y el Pleno existen en todos los Ayuntamientos.
b) El Alcalde, la Junta de Gobierno y el Pleno existen en todos los Ayuntamientos.
c) El Alcalde y el Pleno existen en todos los Ayuntamientos.

15. La Comisión Especial de Cuentas:

a) Existe en todos los municipios.
b) Existe en los municipios en que así se acuerde.
c) Existe en los municipios de más de 1000 habitantes.

16. De acuerdo con la Ley Orgánica de Régimen Electoral será proclamado alcalde electo:

a) El Concejal que haya obtenido la mayoría simple de los votos de los concejales.
b) El Concejal que encabece la lista que haya obtenido mayor número de votos populares.
c) El Concejal que haya obtenido la mayoría absoluta de los votos de los concejales.

17. Los alcaldes tendrán tratamiento de:

a) Ilustrísima en los municipios de Madrid y Barcelona.
b) Excelencia en los municipios que sean capitales de provincia.
c) Señoría en los municipios que no sean capitales de provincia ni las ciudades de Madrid y Barcelona.

18. La cuestión de confianza a la que podrá ser sometido el Alcalde se puede vincular a:

a) La aprobación o modificación de los Presupuestos anuales.
b) La aprobación o modificación del Reglamento Orgánico.
c) Todas las respuestas son verdaderas.

19. No es una atribución del Alcalde:

a) Aprobar la oferta de empleo público.
b) La aprobación del reglamento orgánico y de las ordenanzas.
c) Dictar Bandos.

20. Es una atribución del Pleno del Ayuntamiento:

a) La alteración de la calificación jurídica de los bienes de dominio público.
b) La aprobación inicial de las leyes.
c) Desempeñar la jefatura superior de todo el personal.

21. La Junta de Gobierno Local se integra por el Alcalde y un número de Concejales:

a) No superior al tercio del número legal de los mismos.
b) No superior a la mitad del número legal de los mismos.
c) No superior a dos tercios del número legal de los mismos.

22. El régimen peculiar para los Municipios de gran población será aplicable:

a) A los municipios que sean capitales autonómicas.
b) A los municipios cuya población supere los 50.000 habitantes.
c) A los municipios cuya población supere los 150.000 habitantes.

23. En los municipios de gran población corresponde a la Junta de Gobierno:

a) La aprobación y modificación de las ordenanzas y reglamentos municipales.
b) La aprobación del proyecto de presupuesto.
c) Los acuerdos relativos a la participación en organizaciones supramunicipales.

24. En los municipios de gran población tendrán la consideración de órganos directivos:

a) El Alcalde.
b) El titular de la asesoría jurídica.
c) Los miembros de la Junta de Gobierno Local.

25. En los municipios de gran población para la defensa de los derechos de los vecinos ante la Administración municipal el Pleno creará:

a) Un órgano de gestión económico-financiera.
b) Una Comisión especial de Sugerencias y Reclamaciones.
c) Un órgano para la resolución de las reclamaciones económico-administrativas.

26. De acuerdo con el artículo 141.1 de la Constitución española:

a) La Provincia es una Entidad Local con personalidad jurídica propia, determinada por la agrupación de Municipios y división territorial para el cumplimiento de las actividades de la Comunidad Autónoma.
b) La Provincia es una Entidad Local con personalidad jurídica propia, determinada por la agrupación de comarcas y división territorial para el cumplimiento de las actividades del Estado.
c) La Provincia es una Entidad Local con personalidad jurídica propia, determinada por la agrupación de Municipios y división territorial para el cumplimiento de las actividades del Estado.

27. El Decreto de Javier de Burgos fue:

a) El que realizó la efectiva división provincial y fue aprobado en el año 1833.
b) El que aprobó la extinción de las Diputaciones Provinciales en Cataluña.
c) El que realizó la efectiva división provincial y fue aprobado en el año 1843.

28. Según la Constitución española:

a) En los Archipiélagos, las Islas tendrán además su administración propia en forma de Cabildos o Consejos.
b) La Provincia es circunscripción electoral para la elección de Diputados y Senadores.
c) Todas las respuestas son correctas.

29. El territorio de la Nación española se divide en:

a) 40 Provincias.
b) 54 Provincias.
c) 50 Provincias.

30. Son fines propios y específicos de la Provincia:

a) Asegurar la prestación integral y adecuada en la totalidad del territorio provincial de los servicios de competencia regional.
b) Participar en la coordinación de la Comunidad Autónoma y el Estado.
c) Garantizar los principios de solidaridad y equilibrio intermunicipales.

31. El Presidente de la Diputación deberá jurar o prometer el cargo:

a) Ante la Subdelegación del Gobierno.
b) Ante la Delegación del Gobierno.
c) Ante el Pleno de la misma.

32. El mandato del Presidente de la Diputación será:

a) Por cinco años, pero puede ser destituido de su cargo mediante moción de censura o por la pérdida de una cuestión de confianza.
b) Por seis años, pero puede ser destituido de su cargo mediante moción de censura o por la pérdida de una cuestión de confianza.
c) Por cuatro años, pero puede ser destituido de su cargo mediante moción de censura o por la pérdida de una cuestión de confianza.

33. No es una atribución del Presidente de la Diputación:

a) El planteamiento de conflictos de competencias a otras Entidades locales y demás Administraciones Públicas.
b) El ejercicio de las acciones judiciales y administrativas y la defensa de la Diputación en las materias de su competencia.
c) Representar a la Diputación.

34. Corresponde al Presidente de la Diputación:

a) El ejercicio de las acciones judiciales y administrativas y la defensa en cualquier materia.
b) El despido del personal laboral.
c) La organización de la Diputación.

35. El Presidente de la Diputación puede delegar el ejercicio de sus atribuciones, salvo:

a) El despido del personal laboral.
b) Concertar operaciones de crédito.
c) Todas las respuestas son correctas.

36. Si una provincia tiene entre 500.001 a 1.000.000 residentes le corresponderá el siguiente número de Diputados:

a) 51.
b) 27.
c) 25.

37. Los Diputados se repartirán entre los Partidos Judiciales de la correspondiente Provincia, mediante el sistema de:

a) Asignar a cada Partido Judicial dos Diputados y distribuir los restantes proporcionalmente a la población de los mismos.

b) Asignar a cada Partido Judicial un Diputado y distribuir los restantes proporcionalmente a la población de los mismos.

c) Asignar a cada Partido Judicial diez Diputados y distribuir los restantes proporcionalmente a la población de los mismos.

38. No corresponde al Pleno de la Diputación:

a) La aprobación de la plantilla de personal y la relación de puestos de trabajo.

b) La aprobación de los planes de carácter provincial.

c) Distribuir las retribuciones complementarias que no sean fijas y periódicas.

39. Es una atribución de la Junta de Gobierno de la Diputación:

a) La asistencia al Pleno en el ejercicio de sus atribuciones.

b) La asistencia a las Comisiones Informativas en el ejercicio de sus atribuciones.

c) La asistencia al Presidente en el ejercicio de sus atribuciones.

40. ¿Se puede perder la condición de Vicepresidente de la Diputación?

a) En ningún caso.

b) Sí, por renuncia expresa manifestada por escrito y por pérdida de la condición de miembro de la Junta de Gobierno.

c) Sí, por renuncia expresa manifestada oralmente y por pérdida de la condición de miembro de la Junta de Gobierno.

41. Las Comisiones Informativas de las Diputaciones Provinciales:

a) Tienen por función el estudio, informe o resolución de los asuntos que hayan de ser sometidos a la decisión del Pleno.

b) Tienen por función el estudio, informe o consulta de los asuntos que hayan de ser sometidos a la decisión del Pleno.

c) Pueden ser generales y extinguirse automáticamente una vez que hayan dictaminado o informado sobre el asunto que constituye su objeto.

42. En relación con la Comisión Especial de Cuentas de la Diputación:

a) Le corresponde el examen y estudio e informe de todas las cuentas, presupuestarias y extrapresupuestarias, que deba aprobar el Pleno de la Corporación.

b) Su constitución, composición e integración y funcionamiento se ajusta a lo señalado para las demás Comisiones Informativas.

c) Todas las respuestas son correctas.

43. La creación, composición, organización, ámbito de actuación y funcionamiento de los Consejos Sectoriales de las Diputaciones:

a) Serán establecidos en el correspondiente acuerdo plenario.
b) Serán establecidos en la correspondiente Resolución del Presidente.
c) Serán establecidos en el correspondiente acuerdo de la Junta de Gobierno.

44. Las Provincias podrán realizar:

a) La gestión ordinaria de servicios propios de la Administración Autonómica.
b) La gestión ordinaria de servicios propios de la Administración Estatal.
c) La gestión ordinaria de servicios propios de la comarcas.

45. Los conflictos de atribuciones que surjan entre órganos y Entidades dependientes de una misma Corporación Local se resolverán:

a) No existen conflictos de atribuciones sino conflictos de jurisdicciones.
b) Los conflictos de atribuciones los resuelve el Estado.
c) Por el Pleno, cuando se trate de conflictos que afecten a órganos colegiados o miembros de estos.

46. ¿Podrán las Comunidades Autónomas crear una organización provincial complementaria a la prevista en la Ley de Bases de Régimen Local?

a) Sí.
b) En los casos que establezca el Reglamento Orgánico de la Diputación.
c) Solo en los supuestos establecidos en la ley.

47. Las competencias delegadas:

a) Preverán técnicas de dirección y control de oportunidad y eficiencia.
b) En algunos casos preverán técnicas de dirección y control de oportunidad y eficiencia.
c) En ningún caso preverán técnicas de dirección y control de oportunidad y eficiencia.

48. Las competencias propias de los Municipios, las Provincias, las Islas y demás Entidades Locales territoriales:

a) Solo podrán ser determinadas por reglamento y se ejercen en régimen de autonomía.
b) Solo podrán ser determinadas por ley y se ejercen en régimen de autonomía.
c) Solo podrán ser determinadas por ley y se ejercen en régimen de jerarquía.

49. En el caso de la cuestión de confianza, si esta se vincula a la aprobación de los Presupuestos anuales, se entenderá otorgada la confianza si en el plazo de un mes desde que se votó el rechazo de la cuestión de confianza:

a) Se aprueba por mayoría simple.
b) No se presenta una moción de censura con candidato alternativo a Presidente.
c) Se aprueba por mayoría absoluta.

50. Son competencias propias de la Diputación:

a) Cementerios y actividades funerarias.
b) Promoción del deporte e instalaciones deportivas y de ocupación del tiempo libre.
c) La prestación de los servicios de administración electrónica y la contratación centralizada en los municipios con población inferior a 20.000 habitantes.

51. No es una competencia de la Diputación:

a) La prestación de servicios públicos de carácter supramunicipal.
b) La coordinación de los servicios municipales entre sí.
c) Policía local, protección civil, prevención y extinción de incendios.

52. La Diputación:

a) Ejecuta las obras y servicio de competencia municipal establecidos en un plan provincial aprobado mensualmente.
b) Aprueba anualmente un plan provincial de cooperación a las obras y servicios de competencia provincial.
c) Aprueba anualmente un plan provincial de cooperación a las obras y servicios de competencia municipal.

53. ¿Quién asegura, en su territorio, la coordinación de los diversos planes provinciales?

a) El Estado.
b) La Comunidad Autónoma.
c) La Comarca.

54. La Diputación o entidad equivalente:

a) Asegura el acceso de la población de la Provincia al conjunto de los servicios mínimos de competencia municipal.
b) Da soporte a los Ayuntamientos para la tramitación de procedimientos administrativos.
c) Todas las respuestas son correctas.

55. Los conflictos de competencias planteados entre diferentes Entidades Locales serán resueltos:

a) Previa audiencia de las Diputaciones afectadas.
b) Previa audiencia de los municipios afectados.
c) Por la Administración del Estado previa audiencia de las Comunidades Autónomas afectadas.

56. Según la Constitución, a la Provincia solo la pueden gobernar y administrar autónomamente los/las:

a) Diputaciones.
b) Plenos de las mismas.
c) Diputaciones u otro tipo de Corporaciones representativas.

57. Señala cuál de las siguientes no es una potestad o prerrogativa de una Entidad Local:

a) Tributaria y financiera.
b) La embargabilidad de sus bienes y derechos en los términos previstos en las leyes.
c) De ejecución forzosa y sancionadora.

58. El Estatuto Provincial de CALVO-SOTELO fue de:

a) 1929.
b) 1924.
c) 1925.

59. Los órganos desconcentrados y descentralizados para la gestión de los servicios de las Provincias son creados por:

a) El Presidente de la Corporación.
b) El Pleno de la Corporación.
c) La Comisión de Cuentas.

60. La división provincial actual arranca del/de la:

a) Constitución vigente.
b) Constitución de 1812.
c) Decreto de Javier de Burgos de 1833.

Solución al test n.º 3

1. c) Todas las respuestas son correctas.

2. c) La población, la organización y el territorio.

3. b) El territorio en que el Ayuntamiento ejerce sus competencias.

4. b) La creación de nuevos municipios solo podrá realizarse sobre la base de núcleos de población territorialmente diferenciados, de al menos 4.000 habitantes.

5. b) En ningún caso.

6. c) Todas las respuestas son correctas.

7. c) Acceder a los aprovechamientos comunales.

8. c) No les atribuirá ningún derecho que no les confiera la legislación vigente.

9. c) El registro administrativo donde constan los vecinos de un municipio.

10. c) Ninguna de las respuestas es correcta.

11. a) Deberá inscribirse únicamente en el Padrón municipal del municipio en el que habite durante más tiempo al año.

12. c) Sí, y su formación se realizará por la Administración General del Estado.

13. c) Los municipios que tradicional y voluntariamente cuenten con ese singular régimen de gobierno y administración.

14. a) El Alcalde, los Tenientes de Alcalde y el Pleno existen en todos los Ayuntamientos.

15. a) Existe en todos los municipios.

16. c) El Concejal que haya obtenido la mayoría absoluta de los votos de los concejales.

17. c) Señoría en los municipios que no sean capitales de provincia ni las ciudades de Madrid y Barcelona.

18. c) Todas las respuestas son verdaderas.

19. b) La aprobación del reglamento orgánico y de las ordenanzas.

20. a) La alteración de la calificación jurídica de los bienes de dominio público.

21. a) No superior al tercio del número legal de los mismos.

22. a) A los municipios que sean capitales autonómicas.

23. b) La aprobación del proyecto de presupuesto.

24. b) El titular de la asesoría jurídica.

25. b) Una Comisión especial de Sugerencias y Reclamaciones.

26. c) La Provincia es una Entidad Local con personalidad jurídica propia, determinada por la agrupación de Municipios y división territorial para el cumplimiento de las actividades del Estado.

27. a) El que realizó la efectiva división provincial y fue aprobado en el año 1833.

28. c) Todas las respuestas son correctas.

29. c) 50 Provincias.

30. c) Garantizar los principios de solidaridad y equilibrio intermunicipales.

31. c) Ante el Pleno de la misma.

32. c) Por cuatro años, pero puede ser destituido de su cargo mediante moción de censura o por la pérdida de una cuestión de confianza.

33. a) El planteamiento de conflictos de competencias a otras Entidades locales y demás Administraciones Públicas.

34. b) El despido del personal laboral.

35. c) Todas las respuestas son correctas.

36. b) 27.

37. b) Asignar a cada Partido Judicial un Diputado y distribuir los restantes proporcionalmente a la población de los mismos.

38. c) Distribuir las retribuciones complementarias que no sean fijas y periódicas.

39. c) La asistencia al Presidente en el ejercicio de sus atribuciones.

40. b) Sí, por renuncia expresa manifestada por escrito y por pérdida de la condición de miembro de la Junta de Gobierno.

41. b) Tienen por función el estudio, informe o consulta de los asuntos que hayan de ser sometidos a la decisión del Pleno.

42. c) Todas las respuestas son correctas.

43. a) Serán establecidos en el correspondiente acuerdo plenario.

44. a) La gestión ordinaria de servicios propios de la Administración Autonómica.

45. c) Por el Pleno, cuando se trate de conflictos que afecten a órganos colegiados o miembros de estos.

46. a) Sí.

47. a) Preverán técnicas de dirección y control de oportunidad y eficiencia.

48. b) Solo podrán ser determinadas por ley y se ejercen en régimen de autonomía.

49. b) No se presenta una moción de censura con candidato alternativo a Presidente.

50. c) La prestación de los servicios de administración electrónica y la contratación centralizada en los municipios con población inferior a 20.000 habitantes.

51. c) Policía local, protección civil, prevención y extinción de incendios.

52. c) Aprueba anualmente un plan provincial de cooperación a las obras y servicios de competencia municipal.

53. b) La Comunidad Autónoma.

54. c) Todas las respuestas son correctas.

55. c) Por la Administración del Estado previa audiencia de las Comunidades Autónomas afectadas.

56. c) Diputaciones u otro tipo de Corporaciones representativas.

57. b) La embargabilidad de sus bienes y derechos en los términos previstos en las leyes.

58. c) 1925.

59. b) El Pleno de la Corporación.

60. b) Constitución de 1812.

TEST N.º 4

Reglamento Orgánico del
Ayuntamiento de Fuenlabrada

1. El Reglamento Orgánico del Ayuntamiento de Fuenlabrada tiene por objeto:

a) Regular el funcionamiento interno del Ayuntamiento y sus órganos.
b) Establecer el régimen de personal del Ayuntamiento.
c) Regular la relación con la Comunidad de Madrid.

2. Son órganos superiores de gobierno y administración:

a) Pleno y Comisiones Permanentes.
b) Alcalde y Junta de Gobierno Local.
c) Alcalde y Pleno.

3. La periodicidad ordinaria de las sesiones del Pleno es:

a) Mensual, excepto agosto.
b) Bimensual.
c) Trimestral.

4. Para constituir válidamente el Pleno se requiere:

a) Mitad más uno de los concejales electos.
b) Dos tercios del número legal de miembros.
c) Un tercio del número legal, incluido Alcalde o suplente y Secretario.

5. Las sesiones plenarias pueden ser:

a) Ordinarias, extraordinarias y extraordinarias urgentes.
b) Ordinarias y especiales.
c) Ordinarias y urgentes únicamente.

6. La Junta de Gobierno Local está integrada por:

a) Alcalde y un número de Concejales libremente designados por él.
b) Alcalde y todos los Concejales del Pleno.
c) Alcalde, Secretario y los Portavoces.

7. El Alcalde es elegido:

a) Por la Junta de Gobierno Local.
b) Por el Pleno en sesión constitutiva.
c) Mediante votación ciudadana directa.

8. El Pleno puede delegar competencias en:

a) La Junta de Gobierno Local.
b) Los Jueces de Paz.
c) Las asociaciones vecinales.

9. Los Grupos Políticos Municipales se constituyen:

a) Automáticamente al inicio del mandato.
b) Mediante escrito dirigido a la Alcaldía dentro del plazo establecido.
c) Por designación del Secretario General del Pleno.

10. Son órganos complementarios necesarios según el Reglamento:

a) Consejo Social.
b) Comisiones Informativas.
c) Comisiones de distrito.

11. Las Comisiones Informativas tienen carácter:

a) Resolutivo.
b) Consultivo y de estudio.
c) Sancionador.

12. La Comisión Especial de Cuentas tiene como función:

a) Aprobar definitivamente la Cuenta General.
b) Informar la Cuenta General del ejercicio.
c) Fiscalizar el presupuesto de manera continua.

13. La Comisión Especial de Sugerencias y Reclamaciones se compone de:

a) Solo representantes vecinales.
b) Miembros de todos los Grupos Municipales.
c) Técnicos municipales sin presencia política.

14. El Alcalde puede delegar funciones en:

a) Cualquier trabajador municipal.
b) Concejales y Junta de Gobierno Local.
c) El Presidente de un barrio.

15. El Secretario General del Pleno actúa como:

a) Órgano asesor de Alcaldía exclusivamente.
b) Fedatario público y asesor legal del Pleno.
c) Director del Área de Urbanismo.

16. El Registro de Intereses de los miembros de la Corporación es:

a) Público y accesible sin límites.
b) Obligatorio y gestionado por Secretaría General.
c) Voluntario para cada concejal.

17. La Junta de Portavoces está integrada por:

a) Los portavoces de los grupos y la Alcaldía.
b) Solo los portavoces.
c) Portavoces y representantes sindicales.

18. El turno de ruegos y preguntas corresponde:

a) A la Junta de Gobierno únicamente.
b) Al Pleno.
c) A los Secretarios de las Comisiones.

19. Las mociones pueden ser presentadas por:

a) Cualquier concejal o grupo municipal.
b) Únicamente por el Alcalde.
c) Solo por la Junta de Gobierno Local.

20. El Reglamento Orgánico establece que los Concejales tienen derecho a:

a) Solicitar información y documentación municipal necesaria para su función.
b) Acceder solo a la información económica.
c) Consultar expedientes únicamente en presencia de un funcionario.

21. Según el Reglamento, la convocatoria de las sesiones extraordinarias del Pleno corresponde:

a) A la Junta de Portavoces.
b) Al Alcalde, a iniciativa propia o a solicitud de una cuarta parte de los Concejales.
c) Al Secretario General del Pleno.

22. Las Comisiones Informativas deben emitir dictamen:

a) Con carácter vinculante para el Pleno.
b) Excepto cuando el asunto esté calificado como reservado o confidencial.
c) Siempre antes de la deliberación plenaria, salvo urgencia justificada.

23. Para ser Portavoz de un Grupo Municipal es necesario:

a) Ser el concejal de mayor antigüedad en el Ayuntamiento.
b) Ser designado por el propio grupo mediante comunicación escrita a la Alcaldía.
c) Haber obtenido acta por una lista que haya superado el 10% del voto.

24. Las sesiones extraordinarias urgentes del Pleno deben ser ratificadas:

a) Por mayoría simple del Pleno como primer punto del orden del día.
b) Por decreto del Alcalde.
c) Por dictamen previo de la Junta de Gobierno Local.

25. La distribución de áreas en la Junta de Gobierno Local se fija:

a) Por acuerdo del Pleno en sesión extraordinaria.
b) Por el Alcalde mediante decreto.
c) Por la Junta de Portavoces.

26. La convocatoria del Pleno debe notificarse a los Concejales con una antelación mínima de:

a) 24 horas.
b) 48 horas hábiles.
c) Dos días hábiles.

27. La Comisión Especial de Cuentas debe emitir su dictamen sobre la Cuenta General:

a) Antes del 31 de diciembre del ejercicio siguiente.
b) Antes del 1 de octubre del ejercicio siguiente.
c) Antes del 30 de enero del ejercicio en curso.

28. El acceso a la información de los Concejales se realiza conforme al principio de:

a) Limitación estricta salvo autorización del Alcalde.
b) Acceso pleno y directo sin necesidad de motivación.
c) Acceso debido para el ejercicio de la función, con respeto a la normativa sobre protección de datos.

29. La Junta de Portavoces puede intervenir en el Pleno:

a) Determinando los tiempos de intervención y el orden de debate.
b) Aprobando las mociones antes del Pleno.
c) Modificando el quórum de constitución.

30. La condición de miembro de una Comisión Informativa se pierde:

a) Al finalizar el mandato corporativo o por decisión del Grupo Municipal.
b) Solo si lo acuerda el Pleno.
c) Por ausencia a dos sesiones consecutivas.

31. En la Junta de Gobierno Local, el quórum para acuerdos es:

a) El fijado por el Pleno para cada mandato.
b) La mayoría absoluta de los miembros de derecho.
c) Dos tercios de los presentes.

32. La Comisión Especial de Sugerencias y Reclamaciones eleva su informe anual:

a) Únicamente al Alcalde.
b) Al Pleno del Ayuntamiento.
c) A la Junta de Gobierno Local.

33. El Alcalde puede delegar funciones en Concejales:

a) Mediante decreto motivado, especificando competencias.
b) Únicamente en sesión plenaria.
c) Solo si el Pleno lo autoriza previamente.

34. Las comparecencias de concejales ante el Pleno pueden solicitarse:

a) Por el Alcalde exclusivamente.
b) Por un tercio de los Concejales, con inclusión obligatoria en el orden del día.
c) Únicamente por los Grupos de la oposición.

35. Las mociones de urgencia requieren:

a) Ratificación de la urgencia por mayoría simple del Pleno.
b) Aprobación por unanimidad de los portavoces.
c) Trámite previo en comisión informativa.

36. La asistencia de los miembros del Pleno a las sesiones es:

a) Facultativa salvo para los miembros del equipo de gobierno.
b) Obligatoria, salvo causa justificada.
c) Irrelevante a efectos reglamentarios.

37. Los dictámenes de las Comisiones Informativas:

a) No son necesarios si el asunto se incorpora por urgencia y la mayoría del Pleno lo ratifica.
b) Deben emitirse siempre sin excepción.
c) Solo se emiten para asuntos económicos.

38. El voto de calidad del Alcalde se ejerce:

a) Solo en la Junta de Gobierno Local.
b) En Pleno, Comisiones y Junta de Gobierno Local cuando se produzca empate.
c) Únicamente en asuntos de personal.

39. En caso de ausencia del Alcalde, la sustitución corresponde:

a) Al Secretario General.
b) Al Primer Teniente de Alcalde.
c) Al Presidente de la Comisión Informativa de Régimen Interior.

40. La renuncia de un Concejal se formaliza:

a) Oralmente en el Pleno.
b) Mediante escrito dirigido a la Alcaldía y presentado ante el Registro General.
c) Ante el Secretario General sin necesidad de formalidad documental.

Solución al test n.º 4

1. a) Regular el funcionamiento interno del Ayuntamiento y sus órganos.

2. b) Alcalde y Junta de Gobierno Local.

3. a) Mensual, excepto agosto.

4. c) Un tercio del número legal, incluido Alcalde o suplente y Secretario.

5. a) Ordinarias, extraordinarias y extraordinarias urgentes.

6. a) Alcalde y un número de Concejales libremente designados por él.

7. b) Por el Pleno en sesión constitutiva.

8. a) La Junta de Gobierno Local.

9. b) Mediante escrito dirigido a la Alcaldía dentro del plazo establecido.

10. b) Comisiones Informativas.

11. b) Consultivo y de estudio.

12. b) Informar la Cuenta General del ejercicio.

13. b) Miembros de todos los Grupos Municipales.

14. b) Concejales y Junta de Gobierno Local.

15. b) Fedatario público y asesor legal del Pleno.

16. b) Obligatorio y gestionado por Secretaría General.

17. a) Los portavoces de los grupos y la Alcaldía.

18. b) Al Pleno.

19. a) Cualquier concejal o grupo municipal.

20. a) Solicitar información y documentación municipal necesaria para su función.

21. b) Al Alcalde, a iniciativa propia o a solicitud de una cuarta parte de los Concejales.

22. c) Siempre antes de la deliberación plenaria, salvo urgencia justificada.

23. b) Ser designado por el propio grupo mediante comunicación escrita a la Alcaldía.

24. a) Por mayoría simple del Pleno como primer punto del orden del día.

25. b) Por el Alcalde mediante decreto.

26. c) Dos días hábiles.

27. b) Antes del 1 de octubre del ejercicio siguiente.

28. c) Acceso debido para el ejercicio de la función, con respeto a la normativa sobre protección de datos.

29. a) Determinando los tiempos de intervención y el orden de debate.

30. a) Al finalizar el mandato corporativo o por decisión del Grupo Municipal.

31. b) La mayoría absoluta de los miembros de derecho.

32. b) Al Pleno del Ayuntamiento.

33. a) Mediante decreto motivado, especificando competencias.

34. b) Por un tercio de los Concejales, con inclusión obligatoria en el orden del día.

35. a) Ratificación de la urgencia por mayoría simple del Pleno.

36. b) Obligatoria, salvo causa justificada.

37. a) No son necesarios si el asunto se incorpora por urgencia y la mayoría del Pleno lo ratifica.

38. b) En Pleno, Comisiones y Junta de Gobierno Local cuando se produzca empate.

39. b) Al Primer Teniente de Alcalde.

40. b) Mediante escrito dirigido a la Alcaldía y presentado ante el Registro General.

TEST N.º 5

Real Decreto Legislativo 5/2015, de 30 de octubre, por el que se aprueba el Texto Refundido de la Ley de Estatuto Básico del Empleado Público. Objeto y ámbito de aplicación. Personal al servicio de las Administraciones Públicas. Derechos y deberes. Código de conducta de los empleados públicos. Principios éticos

1. El Real Decreto Legislativo 5/2015, de 30 de octubre, tiene por objeto:

a) Establecer las bases del régimen jurídico de todo trabajador que trabaja en la Administración Pública.

b) Establecer las bases del régimen estatutario de los funcionarios públicos que se incluyen en su ámbito de aplicación.

c) Establecer las bases del régimen jurídico de todo trabajador español.

2. El artículo 1.3 del Real Decreto Legislativo 5/2015:

a) Hace referencia explícita a la igualdad de trato entre mujeres y hombres.

b) No hace referencia explícita a la igualdad de trato entre mujeres y hombres, pero sí que se deduce de la redacción del mismo.

c) No hace ningún tipo de referencia a la igualdad de trato entre mujeres y hombres.

3. En relación con el acceso y promoción profesional, el Real Decreto Legislativo 5/2015 dispone que se deberá llevar a cabo atendiendo a criterios de:

a) Igualdad, premura y preferencia de la mujer sobre el hombre.

b) Mérito y concurso.

c) Igualdad, mérito y capacidad.

4. En relación con la planificación y gestión de los recursos humanos, el artículo 1.3 del Real Decreto Legislativo 5/2015 establece la actuación con:

a) Eficiencia.

b) Eficacia.

c) Premura.

5. El Estatuto Básico del Empleado Público se aplica:

a) Únicamente al personal funcionario de todas las Administraciones Públicas.
b) Únicamente al personal laboral de todas las Administraciones Públicas.
c) Al personal funcionario y laboral de la Administración General del Estado y de las Administraciones de las comunidades autónomas y de las Administraciones de las entidades locales, así como al de las Universidades Públicas.

6. Se consideran empleados públicos, a efectos del Estatuto Básico del Empleado Público:

a) Los que desempeñan funciones retribuidas o no para la Administración Pública.
b) Los que desempeñan funciones retribuidas o no para la Administración Pública al servicio de sus intereses propios.
c) Los que desempeñan funciones retribuidas para la Administración Pública al servicio de los intereses generales.

7. No es empleado público según el Estatuto Básico del Empleado Público:

a) El personal laboral fijo.
b) El personal laboral indefinido.
c) Los contratados mercantiles.

8. El personal eventual:

a) No puede ser contratado por parte de la Administración Pública.
b) Solamente puede ser contratado excepcionalmente por la Administración Pública, pero no se puede considerar que es empleado público.
c) Son empleados públicos.

9. Quienes están vinculados a una Administración Pública por una relación estatutaria regulada por el Derecho Administrativo para el desempeño de servicios profesionales retribuidos de carácter permanente, se denominan:

a) Profesionales de la Administración Pública.
b) Empleados de la Administración Pública.
c) Funcionarios de carrera.

10. El ejercicio de las funciones que impliquen la participación directa en el ejercicio de las potestades públicas o en la salvaguarda de los intereses generales del Estado corresponde:

a) A los funcionarios públicos y al personal laboral.
b) Al personal laboral, exclusivamente.
c) Al personal funcionario exclusivamente.

11. El ejercicio de las funciones que impliquen la participación directa en el ejercicio de las potestades públicas o en la salvaguarda de los intereses generales del Estado corresponde:

a) A los funcionarios públicos y al personal laboral.
b) Al personal laboral, exclusivamente.
c) Al personal funcionario exclusivamente.

12. El ejercicio de las funciones que impliquen la participación directa en el ejercicio de las potestades públicas o en la salvaguarda de los intereses generales de las Administraciones Públicas corresponde:

a) A los funcionarios públicos y al personal laboral.
b) Al personal laboral, exclusivamente, y solo si es fijo.
c) Al personal funcionario exclusivamente.

13. El ejercicio de las funciones que impliquen la participación indirecta en el ejercicio de las potestades públicas o en la salvaguarda de los intereses generales de las Administraciones Públicas corresponde:

a) Al personal funcionario exclusivamente.
b) A los funcionarios públicos y al personal laboral.
c) Al personal laboral, exclusivamente, y solo si es fijo.

14. Los que, por razones expresamente justificadas de necesidad y urgencia, son nombrados para el desempeño de funciones propias de funcionarios de carrera, se denominan:

a) Funcionarios de carrera temporales.
b) Funcionarios interinos.
c) Personal laboral al servicio de la Administración pública.

15. El artículo 10 del Estatuto Básico del Empleado Público contiene normativa relativa:

a) Al funcionario interino.
b) Al funcionario de carrera.
c) Al Personal laboral al servicio de la Administración Pública.

16. Ante la siguiente circunstancia, la existencia de plazas vacantes cuando no sea posible su cobertura por funcionarios de carrera, el artículo 10.1 del Estatuto Básico del Empleado Público establece el nombramiento de:

a) Un funcionario interino.
b) Personal laboral al servicio de la Administración pública.
c) Personal eventual.

17. Los funcionarios interinos podrán ejecutar programas de carácter temporal:

a) Siempre que la duración de estos no sea superior a 1 mes.
b) Siempre que la duración de estos no sea superior a 1 año.
c) Siempre que la duración de estos no sea superior a 3 años.

18. Los funcionarios interinos podrán ejecutar programas de carácter temporal, y respecto a la limitación del plazo establecido por el Estatuto:

a) El plazo de duración de la ejecución del programa es improrrogable.
b) El plazo de duración de la ejecución del programa es ampliable hasta seis meses más por las leyes de Función Pública que se dicten en desarrollo del Estatuto Básico del Empleado Público.
c) El plazo de duración de la ejecución del programa es ampliable hasta doce meses más por las leyes de Función Pública que se dicten en desarrollo del Estatuto Básico del Empleado Público.

19. Cuando no sea posible su cobertura por funcionarios de carrera, podrá nombrarse a un funcionario interino ante:

a) El exceso o acumulación de tareas por plazo máximo de nueve meses, dentro de un periodo de dieciocho meses.
b) El exceso o acumulación de tareas por plazo máximo de tres meses, dentro de un periodo de seis meses.
c) El exceso o acumulación de tareas por plazo máximo de doce meses, dentro de un periodo de veinticuatro meses.

20. El artículo 10.2 del Estatuto Básico del Empleado Público dispone que los funcionarios interinos deberán ser seleccionados atendiendo a/al:

a) Los principios de igualdad, mérito, capacidad, publicidad y celeridad.
b) Los principios de igualdad y concurso.
c) Los principios de mérito y transparencia.

21. El cese de funcionarios interinos se podrá producir:

a) Por la finalización de la causa que dio lugar a su nombramiento.
b) Únicamente por la finalización de la causa que dio lugar a su nombramiento.
c) La sanción disciplinaria de separación del servicio, tanto si tiene carácter provisional como si tiene carácter firme.

22. Dispone el Estatuto Básico del Empleado Público que en el caso de existencia de plazas vacantes cuando no sea posible su cobertura por funcionarios de carrera:

a) Las plazas vacantes desempeñadas por personal funcionario interino deberán ser objeto de cobertura mediante cualquiera de los mecanismos de provisión o movilidad previstos en la normativa de cada Administración Pública.

b) Las plazas vacantes desempeñadas por funcionarios interinos no tienen por qué incluirse en la oferta de empleo correspondiente al ejercicio en que se produce su nombramiento.

c) Las plazas vacantes desempeñadas por funcionarios interinos deben incluirse en todo caso en la oferta de empleo correspondiente al ejercicio en que se produce su nombramiento.

23. ¿Es aplicable a los funcionarios interinos el régimen general de los funcionarios de carrera?

a) Sí, en todo caso; independientemente de que el nombramiento tenga o no carácter extraordinario y urgente.

b) No, en ningún caso. Tienen su propio régimen general.

c) Sí, en cuanto sea adecuado a la naturaleza de su condición y al carácter extraordinario y urgente de su nombramiento, salvo aquellos derechos inherentes a la condición de funcionario de carrera.

24. Se considera personal laboral:

a) Todo el personal de la Administración Pública.

b) Todo personal de la Administración Pública que tenga un contrato fijo.

c) El personal que tenga un contrato formalizado por escrito, sea cual sea la modalidad de contratación de las previstas en la legislación laboral.

25. El artículo 11 del Estatuto Básico del Empleado Público contiene normativa relativa:

a) Al funcionario interino.

b) Al funcionario de carrera.

c) Al personal laboral de la Administración Pública.

26. Conforme al artículo 11.3 del Estatuto Básico del Empleado Público, los procedimientos de selección del personal laboral serán públicos, rigiéndose en todo caso por los principios de igualdad, mérito y capacidad. En el caso del personal laboral temporal se regirá igualmente por el principio de:

a) Necesidad.

b) Urgencia.

c) Celeridad.

27. El artículo 13 del Estatuto Básico del Empleado Público contiene normativa relativa:

a) Al funcionario interino.
b) Al personal laboral.
c) Al personal directivo profesional.

28. Los empleados públicos tienen el siguiente derecho individual en correspondencia con la naturaleza jurídica de su relación de servicio:

a) A la libertad sindical.
b) A la negociación colectiva y a la participación en la determinación de las condiciones de trabajo.
c) A la progresión en la carrera profesional y promoción interna según principios constitucionales de igualdad, mérito y capacidad mediante la implantación de sistemas objetivos y transparentes de evaluación.

29. Los empleados públicos tienen el siguiente derecho individual que se ejerce de forma colectiva:

a) A la libertad sindical.
b) Al desempeño efectivo de las funciones o tareas propias de su condición profesional y de acuerdo con la progresión alcanzada en su carrera profesional.
c) A la progresión en la carrera profesional y promoción interna según principios constitucionales de igualdad, mérito y capacidad mediante la implantación de sistemas objetivos y transparentes de evaluación.

30. Los empleados públicos tienen el siguiente derecho individual que se ejerce de forma colectiva:

a) A participar en la consecución de los objetivos atribuidos a la unidad donde presten sus servicios y a ser informados por sus superiores de las tareas a desarrollar.
b) A la defensa jurídica y protección de la Administración Pública en los procedimientos que se sigan ante cualquier orden jurisdiccional como consecuencia del ejercicio legítimo de sus funciones o cargos públicos.
c) Al planteamiento de conflictos colectivos de trabajo, de acuerdo con la legislación aplicable en cada caso.

31. Los empleados públicos tienen el siguiente derecho de carácter individual en correspondencia con la naturaleza jurídica de su relación de servicio:

a) A la libertad sindical.
b) Al respeto de su intimidad, orientación e identidad sexual, expresión de género, características sexuales, propia imagen y dignidad en el trabajo, especialmente frente al acoso sexual y por razón de sexo, de orientación e identidad sexual, expresión de género o características sexuales, moral y laboral.
c) Al ejercicio de la huelga, con la garantía del mantenimiento de los servicios esenciales de la comunidad.

32. La carrera profesional es:

a) El conjunto ordenado de oportunidades de ascenso y expectativas de progreso profesional conforme a los principios de igualdad, mérito y capacidad.

b) El conjunto ordenado de oportunidades de ascenso y expectativas de progreso profesional conforme a los principios de transparencia, objetividad, imparcialidad y no discriminación y se aplicarán sin menoscabo de los derechos de los empleados públicos.

c) El conjunto ordenado de oportunidades de ascenso y expectativas de progreso profesional conforme a los principios de igualdad, mérito y capacidad así como los contemplados en el artículo 55.2 del Estatuto Básico del Empleado Público.

33. Las Administraciones Públicas, al objeto de la carrera profesional de sus funcionarios de carrera promoverán la actualización y perfeccionamiento de:

a) La carrera horizontal.
b) La carrera vertical.
c) La cualificación profesional.

34. El ascenso desde un cuerpo o escala de un Subgrupo, o Grupo de clasificación profesional en el supuesto de que este no tenga Subgrupo, a otro superior, de acuerdo con lo establecido en el artículo 18, se denomina en el Estatuto Básico del Empleado Público:

a) Carrera horizontal.
b) Carrera vertical.
c) Promoción interna vertical.

35. El ascenso en la estructura de puestos de trabajo por los procedimientos de provisión establecidos en el Capítulo III del Título V del Estatuto, se denomina en el Estatuto Básico del Empleado Público:

a) Carrera horizontal.
b) Carrera vertical.
c) Promoción interna vertical.

36. La progresión de grado, categoría, escalón u otros conceptos análogos, sin necesidad de cambiar de puesto de trabajo y de conformidad con lo establecido en la letra b) del artículo 17 y en el apartado 3 del artículo 20 del Estatuto, se denomina en el Estatuto Básico del Empleado Público:

a) Carrera horizontal.
b) Carrera vertical.
c) Promoción interna vertical.

37. El acceso a cuerpos o escalas del mismo Subgrupo profesional, de acuerdo con lo dispuesto en el artículo 18, se denomina en el Estatuto Básico del Empleado Público:

a) Carrera horizontal.
b) Carrera vertical.
c) Promoción interna horizontal.

38. Las leyes de Función Pública que se dicten en desarrollo del Estatuto Básico del Empleado Público podrán regular la carrera horizontal de los funcionarios de carrera, para lo que:

a) Se articulará un sistema de grados, categorías o escalones de ascenso fijándose la remuneración global de ellos y los ascensos serán consecutivos con carácter general.
b) Se articulará un sistema de grados, categorías o escalones de ascenso fijándose la remuneración a cada uno de ellos y los ascensos serán consecutivos con carácter general.
c) Se articulará un sistema de grados, categorías o escalones de ascenso fijándose la remuneración a cada uno de ellos y los ascensos serán consecutivos con carácter excepcional.

39. Las leyes de Función Pública que se dicten en desarrollo del Estatuto Básico del Empleado Público podrán regular la carrera horizontal de los funcionarios de carrera, para lo que, según el artículo 17.b):

a) Se deberá valorar los grados, categorías o escalones de ascenso, la calidad de los trabajos realizados, los conocimientos adquiridos y el resultado de la evaluación del desempeño, pudiéndose incluir asimismo otros méritos y aptitudes por razón de la especificidad de la función desarrollada y la experiencia adquirida.
b) Se deberá valorar la trayectoria y actuación profesional, la calidad de los trabajos realizados, los conocimientos adquiridos y el resultado de la evaluación del desempeño, pudiéndose incluir asimismo los grados, categorías o escalones de ascenso de la función desarrollada y la experiencia adquirida.
c) Se deberá valorar la trayectoria y actuación profesional, la calidad de los trabajos realizados, los conocimientos adquiridos y el resultado de la evaluación del desempeño, pudiéndose incluir asimismo otros méritos y aptitudes por razón de la especificidad de la función desarrollada y la experiencia adquirida.

40. La promoción interna de los funcionarios públicos se realizará mediante procesos selectivos que garanticen el cumplimiento de los principios constitucionales de:

a) Publicidad de las convocatorias y de sus bases.
b) Transparencia.
c) Igualdad, mérito y capacidad.

41. Los funcionarios podrán participar en la promoción interna siempre que po-sean los requisitos exigidos para el ingreso y tener una antigüedad de al menos:

a) Un año de servicio activo en el inferior Subgrupo, o Grupo de clasificación profesio-nal, en el supuesto de que este no tenga Subgrupo.

b) Dos años de servicio activo en el inferior Subgrupo, o Grupo de clasificación profe-sional, en el supuesto de que este no tenga Subgrupo.

c) Tres años de servicio activo en el inferior Subgrupo, o Grupo de clasificación profe-sional, en el supuesto de que este no tenga Subgrupo.

42. La carrera profesional y la promoción del personal laboral se hará efectiva a través de los procedimientos previstos:

a) En el Estatuto de los Trabajadores o en los convenios colectivos.

b) En el Estatuto Básico del Empleado Público o en los convenios colectivos.

c) En el Estatuto de los Trabajadores o en el Estatuto Básico del Empleado Público.

43. Las Administraciones Públicas establecerán sistemas que permitan la eva-luación del desempeño de sus empleados. La evaluación del desempeño es:

a) El procedimiento que consiste en la progresión de grado, categoría, escalón u otros conceptos análogos, sin necesidad de cambiar de puesto de trabajo.

b) El procedimiento mediante el cual se mide y valora la conducta profesional y el rendimiento o el logro de resultados.

c) El procedimiento mediante el cual se mide y valora los puestos de trabajo.

44. Los sistemas de evaluación del desempeño de los empleados públicos se adecuarán, en todo caso, a criterios de:

a) Transparencia, publicidad de las convocatorias y de sus bases y se aplicarán sin me-noscabo de los derechos de los empleados públicos.

b) Transparencia, objetividad, imparcialidad y no discriminación y se aplicarán sin me-noscabo de los derechos de los empleados públicos.

c) Transparencia, igualdad, mérito, capacidad y se aplicarán sin menoscabo de los de-rechos de los empleados públicos.

45. Señala la respuesta incorrecta de acuerdo con lo dispuesto en el artículo 20.3 del Real Decreto Legislativo 5/2015, de 30 de octubre, por el que se aprueba el Tex-to Refundido de la Ley del Estatuto Básico del Empleado Público. Las Administracio-nes Públicas determinarán los efectos de la evaluación en:

a) La carrera profesional horizontal.

b) La formación.

c) La percepción de las retribuciones básicas previstas en el artículo 23 del presente Estatuto.

46. Las cuantías de las retribuciones básicas deberán reflejarse:

a) Para cada ejercicio presupuestario en la correspondiente Ley General Presupuestaria.
b) Para cada ejercicio presupuestario en la correspondiente Ley de Presupuestos.
c) Para cada ejercicio presupuestario en la correspondiente Ley General de Hacienda.

47. No podrán acordarse incrementos retributivos que globalmente supongan un incremento de la masa salarial superior a los límites fijados anualmente en la:

a) Ley General Presupuestaria.
b) Ley de Presupuestos Generales del Estado.
c) Ley General de Hacienda.

48. Dentro de las retribuciones básicas de los funcionarios públicos, están comprendidas los componentes de:

a) Sueldo y complemento de puesto de trabajo de las pagas extraordinarias.
b) Sueldo y complemento de la carrera profesional de las pagas extraordinarias.
c) Sueldo y trienios de las pagas extraordinarias.

49. Son retribuciones complementarias:

a) Las del puesto de trabajo.
b) El sueldo.
c) Los trienios.

50. Las pagas extraordinarias serán dos al año, y no formarán parte de estas:

a) El complemento de destino (la progresión alcanzada por el funcionario dentro del sistema de carrera administrativa).
b) El complemento específico (la especial dificultad técnica, responsabilidad, dedicación, incompatibilidad exigible para el desempeño de determinados puestos de trabajo o las condiciones en que se desarrolla el trabajo).
c) La productividad (el grado de interés, iniciativa o esfuerzo con que el funcionario desempeña su trabajo y el rendimiento o resultados obtenidos).

51. Los funcionarios interinos no percibirán las retribuciones complementarias de:

a) La progresión alcanzada por el funcionario dentro del sistema de carrera administrativa.
b) La especial dificultad técnica, responsabilidad, dedicación, incompatibilidad exigible para el desempeño de determinados puestos de trabajo o las condiciones en que se desarrolla el trabajo.
c) El grado de interés, iniciativa o esfuerzo con que el funcionario desempeña su trabajo y el rendimiento o resultados obtenidos.

52. Con respecto a los funcionarios interinos:

a) Se reconocerán los trienios correspondientes a los servicios prestados antes de la entrada en vigor del presente Estatuto que tendrán efectos retributivos únicamente a partir de la entrada en vigor del mismo.

b) No se reconocerán los trienios correspondientes a los servicios prestados antes de la entrada en vigor del presente Estatuto.

c) Se reconocerán los trienios correspondientes a los servicios prestados antes de la entrada en vigor del presente Estatuto que tendrán efectos retributivos desde el día de su nombramiento.

53. Los funcionarios interinos percibirán:

a) Las retribuciones del sueldo del Subgrupo o Grupo, en el supuesto de que este no tenga Subgrupo, en que se le nombre.

b) Las retribuciones básicas y las pagas extraordinarias correspondientes al Subgrupo o Grupo de adscripción, en el supuesto de que este no tenga Subgrupo. Percibirán asimismo las retribuciones complementarias a que se refieren los apartados b), c) y d) del artículo 24 y las correspondientes a la categoría de entrada en el cuerpo o escala en el que se le nombre.

c) Las retribuciones básicas y las pagas extraordinarias correspondientes al Subgrupo o Grupo de adscripción, en el supuesto de que este no tenga Subgrupo. Percibirán asimismo las retribuciones complementarias a que se refieren los apartados a), c) y d) del artículo 24 y las correspondientes a la categoría de entrada en el cuerpo o escala en el que se le nombre.

54. Las Administraciones Públicas determinarán las retribuciones de los funcionarios en prácticas que, como mínimo, se corresponderán a:

a) Las retribuciones del sueldo del Subgrupo o Grupo, en el supuesto de que este no tenga Subgrupo, en que aspiren a ingresar.

b) Las retribuciones básicas y las pagas extraordinarias correspondientes al Subgrupo o Grupo de adscripción, en el supuesto de que este no tenga Subgrupo. Percibirán asimismo las retribuciones complementarias a que se refieren los apartados b), c) y d) del artículo 24 y las correspondientes a la categoría de entrada en el cuerpo o escala en que aspiren a ingresar.

c) Las retribuciones básicas y las pagas extraordinarias correspondientes al Subgrupo o Grupo de adscripción, en el supuesto de que este no tenga Subgrupo. Percibirán asimismo las retribuciones complementarias a que se refieren los apartados a), c) y d) del artículo 24 y las correspondientes a la categoría de entrada en el cuerpo o escala en que aspiren a ingresar.

55. Las cantidades destinadas a financiar aportaciones a planes de pensiones o contratos de seguros tendrán a todos los efectos la consideración de:

a) Pensión contributiva.
b) Retribución diferida.
c) Pensión diferida.

56. Las Administraciones Públicas podrán destinar cantidades a financiar aportaciones a planes de pensiones de empleo o contratos de seguro colectivos que incluyan la cobertura de la contingencia de jubilación, para el personal incluido en sus ámbitos, de acuerdo con lo establecido en la normativa reguladora de los Planes de Pensiones, hasta el porcentaje de la masa salarial que se fije en la:

a) Ley General Presupuestaria.
b) Ley de Presupuestos Generales del Estado.
c) Ley General de Hacienda.

57. La parte de jornada no realizada dará lugar a:

a) La sanción proporcional, que tendrá carácter sancionador.
b) La sanción proporcional, que tendrá carácter remuneratorio.
c) La deducción proporcional de haberes, que no tendrá carácter sancionador.

Solución al test n.º 5

1. b) Establecer las bases del régimen estatutario de los funcionarios públicos que se incluyen en su ámbito de aplicación.

2. a) Hace referencia explícita a la igualdad de trato entre mujeres y hombres.

3. c) Igualdad, mérito y capacidad.

4. b) Eficacia.

5. c) Al personal funcionario y laboral de la Administración General del Estado y de las Administraciones de las comunidades autónomas y de las Administraciones de las entidades locales, así como al de las Universidades Públicas.

6. c) Los que desempeñan funciones retribuidas para la Administración Pública al servicio de los intereses generales.

7. c) Los contratados mercantiles.

8. c) Son empleados públicos.

9. c) Funcionarios de carrera.

10. c) Al personal funcionario exclusivamente.

11. c) Al personal funcionario exclusivamente.

12. c) Al personal funcionario exclusivamente.

13. a) Al personal funcionario exclusivamente.

14. b) Funcionarios interinos.

15. a) Al funcionario interino.

16. a) Un funcionario interino.

17. c) Siempre que la duración de estos no sea superior a 3 años.

18. c) El plazo de duración de la ejecución del programa es ampliable hasta doce meses más por las leyes de Función Pública que se dicten en desarrollo del Estatuto Básico del Empleado Público.

19. a) El exceso o acumulación de tareas por plazo máximo de nueve meses, dentro de un periodo de dieciocho meses.

20. a) Los principios de igualdad, mérito, capacidad, publicidad y celeridad.

21. a) Por la finalización de la causa que dio lugar a su nombramiento.

22. a) Las plazas vacantes desempeñadas por personal funcionario interino deberán ser objeto de cobertura mediante cualquiera de los mecanismos de provisión o movilidad previstos en la normativa de cada Administración Pública.

23. c) Sí, en cuanto sea adecuado a la naturaleza de su condición y al carácter extraordinario y urgente de su nombramiento, salvo aquellos derechos inherentes a la condición de funcionario de carrera.

24. c) El personal que tenga un contrato formalizado por escrito, sea cual sea la modalidad de contratación de las previstas en la legislación laboral.

25. c) Al personal laboral de la Administración Pública.

26. c) Celeridad.

27. c) Al personal directivo profesional.

28. c) A la progresión en la carrera profesional y promoción interna según principios constitucionales de igualdad, mérito y capacidad mediante la implantación de sistemas objetivos y transparentes de evaluación.

29. a) A la libertad sindical.

30. c) Al planteamiento de conflictos colectivos de trabajo, de acuerdo con la legislación aplicable en cada caso.

31. b) Al respeto de su intimidad, orientación e identidad sexual, expresión de género, características sexuales, propia imagen y dignidad en el trabajo, especialmente frente al acoso sexual y por razón de sexo, de orientación e identidad sexual, expresión de género o características sexuales, moral y laboral.

32. a) El conjunto ordenado de oportunidades de ascenso y expectativas de progreso profesional conforme a los principios de igualdad, mérito y capacidad.

33. c) La cualificación profesional.

34. c) Promoción interna vertical.

35. b) Carrera vertical.

36. a) Carrera horizontal.

37. c) Promoción interna horizontal.

38. b) Se articulará un sistema de grados, categorías o escalones de ascenso fijándose la remuneración a cada uno de ellos y los ascensos serán consecutivos con carácter general.

39. c) Se deberá valorar la trayectoria y actuación profesional, la calidad de los trabajos realizados, los conocimientos adquiridos y el resultado de la evaluación del desempeño, pudiéndose incluir asimismo otros méritos y aptitudes por razón de la especificidad de la función desarrollada y la experiencia adquirida.

40. c) Igualdad, mérito y capacidad.

41. b) Dos años de servicio activo en el inferior Subgrupo, o Grupo de clasificación profesional, en el supuesto de que este no tenga Subgrupo.

42. a) En el Estatuto de los Trabajadores o en los convenios colectivos.

43. b) El procedimiento mediante el cual se mide y valora la conducta profesional y el rendimiento o el logro de resultados.

44. b) Transparencia, objetividad, imparcialidad y no discriminación y se aplicarán sin menoscabo de los derechos de los empleados públicos.

45. c) La percepción de las retribuciones básicas previstas en el artículo 23 del presente Estatuto.

46. b) Para cada ejercicio presupuestario en la correspondiente Ley de Presupuestos.

47. b) Ley de Presupuestos Generales del Estado.

48. c) Sueldo y trienios de las pagas extraordinarias.

49. a) Las del puesto de trabajo.

50. c) La productividad (el grado de interés, iniciativa o esfuerzo con que el funcionario desempeña su trabajo y el rendimiento o resultados obtenidos).

51. a) La progresión alcanzada por el funcionario dentro del sistema de carrera administrativa.

52. a) Se reconocerán los trienios correspondientes a los servicios prestados antes de la entrada en vigor del presente Estatuto que tendrán efectos retributivos únicamente a partir de la entrada en vigor del mismo.

53. b) Las retribuciones básicas y las pagas extraordinarias correspondientes al Subgrupo o Grupo de adscripción, en el supuesto de que este no tenga Subgrupo.

54. a) Las retribuciones del sueldo del Subgrupo o Grupo, en el supuesto de que este no tenga Subgrupo, en que aspiren a ingresar.

55. b) Retribución diferida.

56. b) Ley de Presupuestos Generales del Estado.

57. c) La deducción proporcional de haberes, que no tendrá carácter sancionador.

TEST N.º 6

Ley Orgánica 3/2007, de 22 de marzo, para la Igualdad Efectiva de Mujeres y Hombres. Objeto y ámbito de la ley. Principio de igualdad y tutela contra la discriminación. Políticas públicas para la igualdad. El derecho al trabajo en igualdad de oportunidades

1. Según su artículo 1, la LO 3/2007 tiene por objeto hacer efectivo el derecho de:

a) Conciliación de la vida laboral y familiar de mujeres y hombres.
b) Igualdad de trato y de oportunidades entre mujeres y hombres.
c) Participación en los asuntos públicos en igualdad de condiciones.

2. Las obligaciones establecidas en la LO 3/2007 son de aplicación a:

a) A toda persona, física o jurídica, que se encuentre o actúe en territorio español, cualquiera que fuese su nacionalidad, domicilio o residencia.
b) A todos los ciudadanos españoles, ya sea en territorio español o territorio de cualquier país extranjero.
c) A toda persona, física o jurídica, que se encuentre o actúe en territorio español, con nacionalidad española.

3. El principio de igualdad de trato y de oportunidades entre mujeres y hombres:

a) Sólo se aplica en el ámbito del empleo público.
b) Se garantizará incluso en el acceso al trabajo por cuenta propia.
c) No se aplica en la afiliación y participación en organizaciones sindicales o empresariales.

4. La situación en que se encuentra una persona que sea, haya sido o pudiera ser tratada, en atención a su sexo, de manera menos favorable que otra en situación comparable, se considera:

a) Discriminación directa.
b) Acoso sexual.
c) Discriminación indirecta.

5. Una diferencia de trato basada en una característica relacionada con el sexo ¿constituye discriminación en el acceso al empleo?

a) Sí, en todo caso.

b) No, siempre que la formación necesaria se base en dicha característica.

c) No, si debido a la naturaleza de las actividades profesionales concretas o al contexto en el que se lleven a cabo, dicha característica constituya un requisito profesional esencial y determinante, siempre y cuando el objetivo sea legítimo y el requisito proporcionado.

6. En virtud del artículo 6.2 de la LO 3/2007, la situación en que una disposición, criterio o práctica aparentemente neutros pone a personas de un sexo en desventaja particular con respecto a personas del otro:

a) En cualquier caso constituirá discriminación directa.

b) En cualquier caso constituirá discriminación indirecta.

c) No se considera discriminación indirecta si dicha disposición, criterio o práctica pueden justificarse objetivamente en atención a una finalidad legítima y los medios para alcanzar dicha finalidad son necesarios y adecuados.

7. A los efectos de la LO 3/2007, definimos como acoso sexual:

a) Cualquier comportamiento realizado en función del sexo de una persona, con el propósito o el efecto de atentar contra su dignidad y de crear un entorno intimidatorio, degradante u ofensivo.

b) La situación en que una disposición, criterio o práctica aparentemente neutros pone a personas de un sexo en desventaja particular con respecto a personas del otro, salvo que dicha disposición, criterio o práctica puedan justificarse objetivamente en atención a una finalidad legítima y que los medios para alcanzar dicha finalidad sean necesarios y adecuados.

c) Cualquier comportamiento, verbal o físico, de naturaleza sexual que tenga el propósito o produzca el efecto de atentar contra la dignidad de una persona, en particular cuando se crea un entorno intimidatorio, degradante u ofensivo.

8. Según el artículo 8 de la LO 3/2007, todo trato desfavorable a las mujeres relacionado con el embarazo o la maternidad constituye:

a) Acoso sexual.

b) Acoso por razón de sexo.

c) Discriminación directa por razón de sexo.

9. Cualquier comportamiento realizado en función del sexo de una persona, con el propósito o el efecto de atentar contra su dignidad y de crear un entorno intimidatorio, degradante u ofensivo, constituye:

a) Discriminación directa.

b) Acoso sexual.

c) Acoso por razón de sexo.

10. Conforme al artículo 7.4 de la LO 3/2007, el condicionamiento de un derecho o de una expectativa de derecho a la aceptación de una situación constitutiva de acoso sexual o de acoso por razón de sexo se considerará:

a) Acto de discriminación por razón de sexo.
b) Creación de un entorno intimidatorio, degradante u ofensivo.
c) Anulable y sin efecto.

11. En virtud del artículo 9 de la LO 3/2007, cualquier trato adverso o efecto negativo que se produzca en una persona como consecuencia de la presentación por su parte de queja, reclamación, denuncia, demanda o recurso, de cualquier tipo, destinados a impedir su discriminación y a exigir el cumplimiento efectivo del principio de igualdad de trato entre mujeres y hombres, se considerará:

a) Discriminación directa.
b) Discriminación por razón de sexo.
c) Injustificado.

12. Para prevenir la realización de conductas discriminatorias en los actos y las cláusulas de los negocios jurídicos, el artículo 10 de la LO 3/2007 prevé la existencia de un sistema de sanciones eficaz y:

a) Proporcionado.
b) Comprensible.
c) Disuasorio.

13. Según el artículo 10 de la LO 3/2007, los actos y las cláusulas de los negocios jurídicos que constituyan o causen discriminación por razón de sexo se considerarán:

a) Válidos, pero anulables.
b) Nulos y sin efecto.
c) Ilegales.

14. Con el fin de hacer efectivo el derecho constitucional de la igualdad, los Poderes Públicos adoptarán medidas específicas en favor de las mujeres para corregir situaciones patentes de desigualdad de hecho respecto de los hombres. Tales medidas, que serán aplicables en tanto subsistan dichas situaciones, habrán de ser en relación con el objetivo perseguido en cada caso razonables y:

a) Justificadas.
b) Autorizadas judicialmente.
c) Proporcionadas.

15. Conforme al artículo 12 de la LO 3/2007, cualquier persona podrá recabar de los tribunales la tutela del derecho a la igualdad entre mujeres y hombres, de acuerdo con lo establecido en el artículo 53.2 de la Constitución:

a) Siempre que la relación en la que supuestamente se produce la discriminación se encuentre vigente.

b) Incluso tras la terminación de la relación en la que supuestamente se ha producido la discriminación.

c) Siempre que se haya dado por terminada la relación en la que supuestamente se produce la discriminación.

16. La capacidad y la legitimación para intervenir en los procesos civiles, sociales y contencioso-administrativos que versen sobre la defensa del derecho de igualdad entre mujeres y hombres, corresponden a:

a) La persona acosada, únicamente.

b) Cualquier ciudadano.

c) Las personas físicas y jurídicas con interés legítimo.

17. La persona acosada será la única legitimada en los litigios:

a) Sobre discriminación directa.

b) Sobre acoso sexual y acoso por razón de sexo.

c) Sobre acoso sexual únicamente.

18. El artículo 14 de la LO 3/2007 señala como uno de los criterios generales de actuación de los Poderes Públicos para el cumplimiento de los fines de esta ley, la participación equilibrada de mujeres y hombres en:

a) Los órganos colegiados de organismos públicos.

b) Los órganos directivos de las empresas de más de 250 trabajadores.

c) Las candidaturas electorales y en la toma de decisiones.

19. El artículo 14 de la LO 3/2007 indica cuáles serán los criterios generales de actuación de los Poderes Públicos para el cumplimiento de los fines de esta ley. Así, en relación con la efectividad del derecho constitucional de igualdad entre mujeres y hombres, dicho artículo manifiesta la siguiente acción:

a) El reconocimiento.

b) El apoyo.

c) El compromiso.

20. Un criterio general de actuación de los Poderes Públicos, según el artículo 14 de la LO 3/2007, es el establecimiento de medidas que aseguren la .... del trabajo y de la vida personal y familiar de las mujeres y los hombres, así como el fomento de la .... en las labores domésticas y en la atención a la familia. Qué dos palabras completan acertadamente la frase anterior:

a) Conciliación y corresponsabilidad.
b) Estabilidad y cooperación.
c) Corresponsabilidad y cooperación.

21. Según el artículo 15 de la LO 3/2007, el principio de igualdad de trato y oportunidades entre mujeres y hombres informará la actuación de todos los Poderes Públicos, con carácter:

a) General.
b) Transversal.
c) Integral.

22. Según el artículo 16 de la LO 3/2007, los poderes públicos:

a) Procurarán atender al principio de presencia equilibrada de mujeres y hombres en los nombramientos y designaciones de los cargos de responsabilidad que les correspondan.
b) Podrán atender al principio de presencia equilibrada de mujeres y hombres en los nombramientos y designaciones de los cargos de responsabilidad que les correspondan.
c) Deberán atender al principio de presencia equilibrada de mujeres y hombres en los nombramientos y designaciones de los cargos de responsabilidad que les correspondan.

23. Según el artículo 17 de la LO 3/2007, el Gobierno, en las materias que sean de la competencia del Estado, aprobará un Plan Estratégico de Igualdad de Oportunidades:

a) Anualmente.
b) Bianualmente.
c) Periódicamente.

24. El Gobierno dará cuenta del informe sobre el conjunto de sus actuaciones en relación con la efectividad del principio de igualdad entre mujeres y hombres:

a) Al Congreso de los Diputados.
b) A las Cortes Generales.
c) A las asociaciones y organizaciones de mujeres.

25. Los proyectos de disposiciones de carácter general y los planes de especial relevancia económica, social, cultural y artística que se sometan a la aprobación del Consejo de Ministros deberán incorporar:

a) Un Plan Estratégico de Igualdad de Oportunidades.

b) Una estadística o encuesta que posibilite el conocimiento de las diferencias en los valores, roles, situaciones y condiciones, de mujeres y hombres en el ámbito de acción del proyecto o plan.

c) Un informe sobre su impacto por razón de género.

26. Conforme al artículo 21 de la LO 3/2007, la Administración General del Estado y las Administraciones de las Comunidades Autónomas cooperarán para integrar el derecho de igualdad entre mujeres y hombres en el ejercicio de sus respectivas competencias y, en especial, en sus actuaciones de:

a) Supervisión.

b) Planificación.

c) Regulación.

27. Conforme al artículo 22 de la LO 3/2007, las corporaciones locales, con el fin de avanzar hacia un reparto equitativo de los tiempos entre mujeres y hombres, podrán establecer:

a) Planes Municipales de Empleo con perspectiva de género.

b) Ordenanzas de regulación del tiempo.

c) Planes Municipales de organización del tiempo de la ciudad.

28. Según el artículo 44.3 de la LO 3/2007, el derecho de los padres a un permiso y una prestación por paternidad se reconoció:

a) Para disminuir la brecha salarial entre hombres y mujeres.

b) Para contribuir a un reparto más equilibrado de las responsabilidades familiares.

c) Para facilitar el apego de los hijos a los padres.

29. Se definen como "un conjunto ordenado de medidas, adoptadas después de realizar un diagnóstico de situación, tendentes a alcanzar en la empresa la igualdad de trato y de oportunidades entre mujeres y hombres y a eliminar la discriminación por razón de sexo":

a) Los programas de mejora de la empleabilidad de las mujeres.

b) Las medidas de acción positiva para favorecer el acceso de las mujeres al empleo y la aplicación efectiva del principio de igualdad de trato y no discriminación en las condiciones de trabajo.

c) Los planes de igualdad de las empresas.

30. En relación a los Planes de Igualdad de las Empresas, es cierto que:

a) Son obligatorios en todas las empresas de más de 10 trabajadores.

b) Se referirán a unidades organizativas dentro de la Empresa, sin perjuicio del establecimiento de acciones especiales adecuadas a la totalidad de la Empresa.

c) Son un conjunto ordenado de medidas, adoptadas después de realizar un diagnóstico de situación.

31. Según la disposición transitoria 12ª de la LO 3/2007, a partir del 7 de marzo de 2022 están obligadas a implantar planes de igualdad las empresas con un número de trabajadores superior a:

a) 50 trabajadores.

b) 100 trabajadores.

c) 200 trabajadores.

32. Según el artículo 46.2 de la LO 3/2007, el diagnóstico negociado previo al Plan de igualdad de la empresa, NO está obligado a contener la siguiente materia:

a) Retribuciones.

b) Infrarrepresentación femenina.

c) Régimen disciplinario.

33. Conforme al artículo 46 de la LO 3/2007 y en relación a los planes de igualdad es cierto que:

a) Los planes de igualdad incluirán la totalidad de una empresa.

b) Las empresas podrán inscribir sus planes de igualdad en el Registro de Planes de Igualdad de las Empresas.

c) El Registro de Planes de Igualdad de las Empresas es independiente de los Registros de convenios y acuerdos colectivos de trabajo.

34. En relación al distintivo para las empresas en materia de igualdad, es cierto que:

a) Por ley se determinarán la denominación de este distintivo, el procedimiento y las condiciones para su concesión, las facultades derivadas de su obtención y las condiciones de difusión institucional de las empresas que lo obtengan y de las políticas de igualdad aplicadas por ellas.

b) Se creó para reconocer a aquellas empresas privadas que destaquen por la aplicación de políticas de igualdad de trato y de oportunidades con sus trabajadores y trabajadoras.

c) Para la concesión de este distintivo se tendrán en cuenta, entre otros criterios, la presencia equilibrada de mujeres y hombres en los órganos de dirección y en los distintos grupos y categorías profesionales de la empresa, la adopción de planes de igualdad u otras medidas innovadoras de fomento de la igualdad, así como la publicidad no sexista de los productos o servicios de la empresa.

35. Conforme al artículo 51 de la LO 3/2007, las Administraciones Públicas, en el ámbito de sus respectivas competencias y en aplicación del principio de igualdad entre mujeres y hombres, deberán facilitar la conciliación de la vida personal, familiar y laboral, sin menoscabo de:

a) La promoción profesional.
b) La evaluación periódica del desempeño.
c) Las retribuciones salariales.

Solución al test n.º 6

1. b) Igualdad de trato y de oportunidades entre mujeres y hombres.

2. a) A toda persona, física o jurídica, que se encuentre o actúe en territorio español, cualquiera que fuese su nacionalidad, domicilio o residencia.

3. b) Se garantizará incluso en el acceso al trabajo por cuenta propia.

4. a) Discriminación directa.

5. c) No, si debido a la naturaleza de las actividades profesionales concretas o al contexto en el que se lleven a cabo, dicha característica constituya un requisito profesional esencial y determinante, siempre y cuando el objetivo sea legítimo y el requisito proporcionado.

6. c) No se considera discriminación indirecta si dicha disposición, criterio o práctica pueden justificarse objetivamente en atención a una finalidad legítima y los medios para alcanzar dicha finalidad son necesarios y adecuados.

7. c) Cualquier comportamiento, verbal o físico, de naturaleza sexual que tenga el propósito o produzca el efecto de atentar contra la dignidad de una persona, en particular cuando se crea un entorno intimidatorio, degradante u ofensivo.

8. c) Discriminación directa por razón de sexo.

9. c) Acoso por razón de sexo.

10. a) Acto de discriminación por razón de sexo.

11. b) Discriminación por razón de sexo.

12. c) Disuasorio.

13. b) Nulos y sin efecto.

14. c) Proporcionadas.

15. b) Incluso tras la terminación de la relación en la que supuestamente se ha producido la discriminación.

16. c) Las personas físicas y jurídicas con interés legítimo.

17. b) Sobre acoso sexual y acoso por razón de sexo.

18. c) Las candidaturas electorales y en la toma de decisiones.

19. c) El compromiso.

20. a) Conciliación y corresponsabilidad.

21. b) Transversal.

22. a) Procurarán atender al principio de presencia equilibrada de mujeres y hombres en los nombramientos y designaciones de los cargos de responsabilidad que les correspondan.

23. c) Periódicamente.

24. b) A las Cortes Generales.

25. c) Un informe sobre su impacto por razón de género.

26. b) Planificación.

27. c) Planes Municipales de organización del tiempo de la ciudad.

28. b) Para contribuir a un reparto más equilibrado de las responsabilidades familiares.

29. c) Los planes de igualdad de las empresas.

30. c) Son un conjunto ordenado de medidas, adoptadas después de realizar un diagnóstico de situación.

31. a) 50 trabajadores.

32. c) Régimen disciplinario.

33. a) Los planes de igualdad incluirán la totalidad de una empresa.

34. c) Para la concesión de este distintivo se tendrán en cuenta, entre otros criterios, la presencia equilibrada de mujeres y hombres en los órganos de dirección y en los distintos grupos y categorías profesionales de la empresa, la adopción de planes de igualdad u otras medidas innovadoras de fomento de la igualdad, así como la publicidad no sexista de los productos o servicios de la empresa.

35. a) La promoción profesional.

TEST N.º 7

Ley Orgánica 3/2018, de 5 de diciembre, de Protección de Datos Personales y garantía de los derechos digitales. Disposiciones Generales. Principios de protección de datos. Derechos de las personas

1. Es correcto, conforme a la disposición adicional 3ª de la LO 3/2018, que:

a) Cuando los plazos se señalen por días, se entiende que estos son naturales.

b) Si el plazo se fija en semanas, concluirá el día anterior al día de la semana en que se produjo el hecho que determina su iniciación en la semana de vencimiento.

c) Si el plazo se fija en años, concluirá el mismo día en que se produjo el hecho que determina su iniciación en el año de vencimiento.

2. ¿Qué título de la LO 3/2018, de 5 de diciembre, de Protección de Datos Personales y garantía de los derechos digitales, se refiere a los principios de la protección de datos?

a) Título I.

b) Título II.

c) Título III.

3. Según el artículo 3 de la LO 3/2018, los requisitos y condiciones para acreditar la validez y vigencia de los mandatos e instrucciones de las personas fallecidas respecto al acceso a los datos personales de éstas por parte de las personas o instituciones que designaran expresamente, serán establecidos:

a) Por medio de una Directiva europea.

b) Por Ley estatal.

c) Por Real Decreto.

4. El artículo 4 de la LO 3/2018 señala que, conforme al artículo 5.1.d) del Reglamento (UE) 2016/679, los datos serán exactos y, si fuere necesario:

a) Actualizados.

b) Aproximados.

c) Normalizados.

5. Conforme al artículo 5.1 de la LO 3/2018, estarán sujetas al deber de confidencialidad:

a) Únicamente los responsables del tratamiento.
b) Los responsables y encargados del tratamiento.
c) Los responsables y encargados del tratamiento de datos así como todas las personas que intervengan en cualquier fase de este.

6. Conforme a los artículos 4.11 del RGPD y 6.1 de la LO 3/2018, se entiende por consentimiento del afectado la aceptación, ya sea mediante una declaración o una clara acción afirmativa, del tratamiento de datos personales que le conciernen manifestada por voluntad libre, de forma específica, informada e/y:

a) Detallada.
b) Unitaria.
c) Inequívoca.

7. Cuando se pretenda fundar el tratamiento de los datos en el consentimiento del afectado para una pluralidad de finalidades:

a) Será preciso que conste de manera específica e inequívoca que dicho consentimiento se otorga para todas ellas.
b) Será necesario demostrar que el afectado consintió expresamente e inequívocamente en alguna de las finalidades y, que el resto de finalidades están claramente relacionadas con aquella.
c) El responsable debe demostrar la adecuación de las distintas finalidades a un único objeto.

8. Conforme al principio de limitación de la finalidad, los datos personales serán recogidos con fines determinados, explícitos y:

a) Limitados.
b) Transparentes.
c) Legítimos.

9. Según el artículo 8.1 de la LO 3/2018, el tratamiento de datos personales solo podrá considerarse fundado en el cumplimiento de una obligación legal exigible al responsable:

a) Cuando así lo prevea una norma de Derecho de la Unión Europea o una norma con rango de ley.
b) Cuando el tratamiento se considere una misión realizada en interés público.
c) Cuando se trate del ejercicio de poderes públicos conferidos al responsable.

10. Conforme al artículo 9 de la LO 3/2018, de 5 de diciembre, de Protección de Datos Personales y garantía de los derechos digitales, cuál de los siguientes tratamientos de categorías especiales de datos fundados en el Derecho español deberá estar amparado en una norma con rango de ley:

a) Tratamiento necesario con fines de archivo en interés público, fines de investigación científica o histórica.

b) Tratamiento efectuado, en el ámbito de sus actividades legítimas y con las debidas garantías, por una fundación, una asociación o cualquier otro organismo sin ánimo de lucro, cuya finalidad sea política, filosófica, religiosa o sindical, siempre que el tratamiento se refiera exclusivamente a los miembros actuales o antiguos de tales organismos o a personas que mantengan contactos regulares con ellos en relación con sus fines y siempre que los datos personales no se comuniquen fuera de ellos sin el consentimiento de los interesados.

c) Tratamiento necesario para fines de medicina preventiva o laboral, evaluación de la capacidad laboral del trabajador, diagnóstico médico, prestación de asistencia o tratamiento de tipo sanitario o social, o gestión de los sistemas y servicios de asistencia sanitaria y social.

11. Uno de los objetos de la Ley Orgánica 3/2018, de 5 de diciembre, de Protección de Datos Personales y garantía de los derechos digitales, es:

a) Adaptar el ordenamiento jurídico español al Reglamento General de Protección de Datos y completar sus disposiciones.

b) Establecer las normas relativas a la protección de las personas físicas en lo que respecta al tratamiento de los datos personales y las normas relativas a la libre circulación de tales datos.

c) Adaptar el Reglamento General de Protección de Datos al ordenamiento jurídico español y completar sus disposiciones.

12. La LO 3/2018, de 5 de diciembre, de Protección de Datos Personales y garantía de los derechos digitales, tiene por objeto garantizar los derechos digitales de la ciudadanía conforme al mandato del artículo de la Constitución:

a) 9.2.
b) 10.1.
c) 18.4.

13. Señala la opción incorrecta. Conforme al artículo 11.3 de la LO 3/2018, la información básica que el responsable del tratamiento ha de facilitar al afectado, cuando los datos personales se hayan obtenido de éste, debe contener obligatoriamente:

a) La finalidad del tratamiento.
b) La identidad del responsable del tratamiento y de su representante, en su caso.
c) Las categorías de datos objeto de tratamiento.

14. Según el artículo 7.1 de la LO 3/2018, el tratamiento de los datos personales de un menor de edad únicamente podrá fundarse en su consentimiento cuando sea mayor de:

a) 12 años.
b) 13 años.
c) 14 años.

15. El derecho a la portabilidad de los datos:

a) Se podrá aplicar a los tratamientos que sean necesario para el cumplimiento de una misión realizada en interés público o en el ejercicio de poderes públicos conferidos al responsable del tratamiento.
b) A diferencia de otros derechos, podrá afectar negativamente a los derechos y libertades de otros.
c) Requiere que el tratamiento se efectúe por medios automatizados.

16. Conforme al artículo 12 de la LO 3/2018, los derechos reconocidos en los artículos 15 a 22 del RGPD:

a) Sólo podrán ser ejercidos directamente por el afectado.
b) Deberán ejercerse bien directamente por el afectado o por representante legal.
c) Podrán ejercerse directamente o por medio de representante legal o voluntario.

17. Según el artículo 12.4 de la LO 3/2018, la prueba del cumplimiento del deber de responder a la solicitud de ejercicio de sus derechos formulado por el afectado recaerá:

a) Sobre el responsable del tratamiento.
b) Sobre el encargado del tratamiento.
c) Bien sobre el responsable o bien sobre el encargado.

18. En virtud del artículo 12 de la LO 3/2018 es cierto, en relación a los medios para que el afectado pueda ejercer sus derechos, que:

a) El encargado del tratamiento estará obligado a informar al afectado sobre los medios a su disposición para ejercer los derechos que le corresponden.
b) Los medios deberán ser consensuados con los afectados antes de poner en marcha el tratamiento.
c) Los medios deberán ser fácilmente accesibles para el afectado.

19. Señala la opción incorrecta. El artículo 15 del RGPD dispone que el interesado tendrá derecho a obtener del responsable del tratamiento confirmación de si se están tratando o no datos personales que le conciernen y, en tal caso, derecho de acceso a los datos personales y a información sobre la existencia de decisiones automatizadas, incluida la elaboración de perfiles, y, al menos en tales casos, información significativa sobre:

a) Los demás interesados afectados por las decisiones.
b) La lógica aplicada.
c) La importancia del tratamiento.

20. Conforme al artículo 16 del RGPD, teniendo en cuenta los fines del trata-miento, el interesado tendrá derecho a que se completen los datos personales que sean incompletos, inclusive mediante:

a) Levantamiento de acta.
b) Certificación de modificación.
c) Una declaración adicional.

21. Conforme al artículo 17 del RGPD, el derecho de supresión no se podrá apli-car cuando:

a) El interesado retire el consentimiento en que se basa el tratamiento, y este no se base en otro fundamento jurídico.
b) El tratamiento sea necesario para la formulación, el ejercicio o la defensa de recla-maciones.
c) El interesado se oponga al tratamiento y no prevalezcan otros motivos legítimos para el tratamiento.

22. Conforme al artículo 18 del RGPD, el interesado tendrá derecho a obtener del responsable del tratamiento la limitación del tratamiento de los datos:

a) Cuando los datos personales ya no sean necesarios en relación con los fines para los que fueron recogidos o tratados de otro modo.
b) Para que el interesado pueda ejercer el derecho a la libertad de expresión e información.
c) Cuando el interesado impugne la exactitud de los datos personales, durante un plazo que permita al responsable verificar la exactitud de los mismos.

23. Cuando los datos personales no sean obtenidos del afectado, en la informa-ción básica que se le facilite deberá constar:

a) La autorización judicial para el tratamiento de los datos.
b) Una declaración jurada del responsable del tratamiento.
c) Las fuentes de las que proceden los datos.

24. El tratamiento de datos personales relativos a condenas e infracciones penales, solo podrá llevarse a cabo cuando se encuentre amparado, de entre los siguientes, en:

a) Una norma de Derecho de la Unión Europea.
b) Un Decreto.
c) Una norma con rango reglamentario.

25. Según la Ley Orgánica 3/2018 de Protección de Datos Personales y garantía de los derechos digitales, se podrá considerar repetitivo el derecho del ejercicio de acceso en más de una ocasión durante el plazo de:

a) 6 meses.
b) 1 mes.
c) 3 meses.

26. Las Administraciones Públicas incorporarán a los temarios de las pruebas de acceso a los cuerpos superiores y a aquéllos en que habitualmente se desempeñen funciones que impliquen el acceso a datos personales materias relacionadas con la garantía de los derechos digitales y en particular:

a) El de protección de datos.
b) El de libertad de expresión.
c) El de protección de los menores.

27. Conforme al artículo 85 de la LO 3/2018, los responsables de redes sociales y servicios equivalentes deben adoptar protocolos adecuados para posibilitar, ante los usuarios que difundan contenidos que atenten contra el derecho al honor, la intimidad personal y familiar en Internet, el ejercicio del derecho de:

a) Olvido.
b) Portabilidad.
c) Rectificación.

28. Conforme al artículo 81 de la LO 3/2018, se garantizará para toda la población un acceso universal a internet, asequible, de calidad y:

a) Gratuito.
b) Seguro.
c) No discriminatorio.

29. Conforme al artículo 94 de la LO 3/2018, toda persona tiene derecho a que sean suprimidos los datos personales que le conciernan y que hubiesen sido facilitados por terceros para su publicación por los servicios de redes sociales y servicios de la sociedad de la información equivalentes cuando fuesen inadecuados, inexactos, no pertinentes, no actualizados o:

a) Excesivos.
b) Molestos.
c) Improbables.

30. ¿Cuál es el derecho digital mediante el cual "los proveedores de servicios de Internet proporcionarán una oferta transparente de servicios sin discriminación por motivos técnicos o económicos", de acuerdo con el artículo 80 de la Ley Orgánica 3/2018, de 5 de diciembre, de Protección de Datos Personales y garantía de los derechos digitales?

a) Derecho de acceso universal a Internet.
b) Derecho a la neutralidad de Internet.
c) Derecho a la accesibilidad digital.

Solución al test n.º 7

1. c) Si el plazo se fija en años, concluirá el mismo día en que se produjo el hecho que determina su iniciación en el año de vencimiento.

2. b) Título II.

3. c) Por Real Decreto.

4. a) Actualizados.

5. c) Los responsables y encargados del tratamiento de datos así como todas las personas que intervengan en cualquier fase de este.

6. c) Inequívoca.

7. a) Será preciso que conste de manera específica e inequívoca que dicho consentimiento se otorga para todas ellas.

8. c) Legítimos.

9. a) Cuando así lo prevea una norma de Derecho de la Unión Europea o una norma con rango de ley.

10. c) Tratamiento necesario para fines de medicina preventiva o laboral, evaluación de la capacidad laboral del trabajador, diagnóstico médico, prestación de asistencia o tratamiento de tipo sanitario o social, o gestión de los sistemas y servicios de asistencia sanitaria y social.

11. a) Adaptar el ordenamiento jurídico español al Reglamento General de Protección de Datos y completar sus disposiciones.

12. c) 18.4.

13. c) Las categorías de datos objeto de tratamiento.

14. c) 14 años.

15. c) Requiere que el tratamiento se efectúe por medios automatizados.

16. c) Podrán ejercerse directamente o por medio de representante legal o voluntario.

17. a) Sobre el responsable del tratamiento.

18. c) Los medios deberán ser fácilmente accesibles para el afectado.

19. a) Los demás interesados afectados por las decisiones.

20. c) Una declaración adicional.

21. b) El tratamiento sea necesario para la formulación, el ejercicio o la defensa de reclamaciones.

22. c) Cuando el interesado impugne la exactitud de los datos personales, durante un plazo que permita al responsable verificar la exactitud de los mismos.

23. c) Las fuentes de las que proceden los datos.

24. a) Una norma de Derecho de la Unión Europea.

25. a) 6 meses.

26. a) El de protección de datos.

27. c) Rectificación.

28. c) No discriminatorio.

29. a) Excesivos.

30. b) Derecho a la neutralidad de Internet.

TEST N.º 8

Ley 19/2013, de 9 de diciembre, de Transparencia, acceso a la Información Pública y Buen Gobierno. Título I Transparencia de la actividad pública

1. La cualidad que permite y facilita el acceso de los ciudadanos a la información pública en poder de la Administración dentro de los límites establecidos por la legislación vigente, se conoce como:

a) Accesibilidad.
b) Transparencia.
c) Objetividad.

2. En el Capítulo I del Título I: "Transparencia de la actividad pública" de la Ley 19/2013, concretamente en el art. 3, se señala que serán objeto de aplicación de las disposiciones las entidades privadas:

a) En cuyo capital social la participación, directa o indirecta, sea superior al 50 por 100.
b) Que perciban durante el período de un año ayudas o subvenciones públicas en una cuantía superior a 100.000 euros o cuando al menos el 40% del total de sus ingresos anuales tengan carácter de ayuda o subvención pública, siempre que alcancen como mínimo la cantidad de 5.000 euros.
c) Con personalidad jurídica propia, vinculadas a cualquiera de las Administraciones Públicas o dependientes de ellas.

3. En virtud del artículo 5.3 de la Ley 19/2013, cuando la información pública contuviera datos especialmente protegidos, la publicidad solo se llevará a cabo:

a) Previa disociación de los mismos.
b) Previo consentimiento de los afectados.
c) De forma personalizada.

4. En relación a la información institucional, organizativa y de planificación, el artículo 6 de la Ley 19/2013 dispone que:

a) Todos los empleados públicos deberán publicar información relativa a las funciones que desarrollan.

b) Las Administraciones Públicas publicarán los planes y programas anuales y plurianuales en los que se fijen objetivos concretos, así como las actividades, medios y tiempo previsto para su consecución.

c) El grado de cumplimiento y resultados de los planes y programas anuales y plurianuales de las Administraciones Públicas en los que se fijen objetivos concretos deberán ser objeto de evaluación y publicación periódica junto con los indicadores de medida y valoración, en la forma en que se determine por la Administración General del Estado.

5. Según el artículo 7 de la Ley 19/2013, de 9 de diciembre, de transparencia, acceso a la información pública y buen gobierno, relativo a la información de relevancia jurídica:

a) Las Administraciones Públicas, en el ámbito de sus competencias, publicarán los proyectos de Reglamento cuya iniciativa les corresponda.

b) Las Administraciones Públicas, en el ámbito de sus competencias, no publicarán los proyectos de Reglamento cuya iniciativa les corresponda.

c) Las Administraciones Públicas, en el ámbito de sus competencias, no podrán publicar los Anteproyectos de Ley hasta su aprobación.

6. Conforme al artículo 8 de la Ley 19/2013, de 9 de diciembre, de transparencia, acceso a la información pública y buen gobierno, NO es necesario que los sujetos incluidos en el ámbito de aplicación de su título I deban hacer pública, la siguiente información relativa a los actos de gestión administrativa con repercusión económica o presupuestaria:

a) La relación de los convenios suscritos, con mención de las partes firmantes, su objeto, plazo de duración, modificaciones realizadas, obligados a la realización de las prestaciones y, en su caso, las obligaciones económicas convenidas.

b) Las declaraciones anuales de bienes y actividades de los representantes locales, con especial referencia a los datos relativos a la localización concreta de los bienes inmuebles.

c) Las retribuciones percibidas anualmente por los altos cargos y máximos responsables de las entidades incluidas en el ámbito de la aplicación del citado título I. Igualmente, se harán públicas las indemnizaciones percibidas, en su caso, con ocasión del abandono del cargo.

7. En virtud del artículo 11 de la Ley 19/2013, de 9 de diciembre, de transparencia, acceso a la información pública y buen gobierno, el Portal de la Transparencia proporcionará información estructurada sobre los documentos y recursos de información con vistas a facilitar la identificación y búsqueda de la información, en base al principio de:

a) Interoperabilidad.
b) Accesibilidad.
c) Reutilización.

8. La iniciativa normativa de las Administraciones Públicas debe evitar cargas administrativas innecesarias o accesorias y racionalizar la gestión de los recursos públicos, en aplicación del principio de:

a) Accesibilidad.
b) Eficacia.
c) Simplicidad.

9. El cumplimiento de las obligaciones derivadas de la Ley 19/2013, de 9 de diciembre, de transparencia, acceso a la información pública y buen gobierno, podrá realizarse utilizando los medios electrónicos puestos a su disposición por la Administración Pública de la que provenga la mayor parte de las ayudas o subvenciones públicas percibidas cuando se trate de entidades sin ánimo de lucro que persigan exclusivamente fines de interés social o cultural y cuyo presupuesto sea inferior a:

a) 50.000 euros.
b) 100.000 euros.
c) 200.000 euros

10. La transparencia de la actividad pública, respecto a la casa de su Majestad el Rey:

a) No se aplica.
b) Se aplica en todas sus actividades.
c) Se aplica en sus actividades sujetas al Derecho Administrativo.

11. Para que se aplique la Ley 19/2013 a sociedades mercantiles, la participación en las mismas de entidades de Derecho Público debe ser superior al:

a) 10 por 100.
b) 20 por 100.
c) 50 por 100.

12. Qué define el artículo 13 de la Ley 19/2013 como, los contenidos o documentos, cualquiera que sea su formato o soporte, que obren en poder de alguno de los sujetos incluidos en el ámbito de aplicación de este título (título I) y que hayan sido elaborados o adquiridos en el ejercicio de sus funciones:

a) La información pública.
b) La publicidad activa.
c) La información de relevancia jurídica.

13. A menos que el afectado hubiese hecho manifiestamente públicos los datos con anterioridad a que se solicitase el acceso, el acceso únicamente se podrá autorizar en caso de que se contase con el consentimiento expreso y por escrito del afectado, cuando:

a) La información contuviera datos personales que revelen la ideología, afiliación sindical, religión o creencias.
b) La información incluyese datos personales que hagan referencia al origen racial, a la salud o a la vida sexual.
c) La información contuviera datos relativos a la comisión de infracciones penales o administrativas que no conllevasen la amonestación pública al infractor.

14. Si la información pública solicitada incluyese datos personales que hagan referencia a la salud:

a) Solo se concederá el acceso previa ponderación suficientemente razonada del interés público en la divulgación de la información y los derechos de los afectados cuyos datos aparezcan en la información solicitada.
b) Solo podrá autorizarse el acceso al propio afectado o a su representante.
c) Solo se podrá autorizar el acceso en caso de que se cuente con el consentimiento expreso del afectado o si el acceso estuviera amparado por una norma con rango de ley.

15. Según lo previsto en el artículo 18 de la Ley 19/2013, de 9 de diciembre, de transparencia, acceso a la información pública y buen gobierno, se inadmitirán a trámite, mediante resolución motivada, las solicitudes de acceso a la información:

a) Relativas a los intereses económicos y turísticos.
b) Relativas a la garantía de la confidencialidad o el secreto requerido en procesos de toma de decisión.
c) Relativas a información para cuya divulgación sea necesaria una acción previa de reelaboración.

16. No es una causa de inadmisión de las solicitudes de acceso a la información pública:

a) Que se refieran a información que esté en curso de elaboración o de publicación general.
b) Que se dirijan a un órgano en cuyo poder no obre la información.
c) Que sean manifiestamente repetitivas.

17. Cuando la solicitud de información pública no identifique de forma suficiente la información, se pedirá al solicitante que la concrete en un plazo de:

a) 10 días.
b) 15 días.
c) 20 días.

18. En relación a la solicitud de acceso a la información pública, es cierto que:

a) Los solicitantes de información podrán dirigirse a las Administraciones Públicas en cualquiera de las lenguas cooficiales del Estado en el territorio en el que radique la Administración en cuestión.
b) El solicitante está obligado a motivar su solicitud de acceso a la información.
c) El solicitante podrá exponer los motivos por los que solicita la información, en cuyo caso deberán ser tenidos en cuenta cuando se dicte la resolución.

19. Conforme al artículo 18.1 de la Ley 19/2013, las solicitudes referidas a información que tenga carácter auxiliar o de apoyo como la contenida en notas, borradores, opiniones, resúmenes, comunicaciones e informes internos o entre órganos o entidades administrativas:

a) Están obligadas a indicar el motivo de la solicitud.
b) Se admitirán previa ponderación suficientemente razonada del interés público en la divulgación de la información.
c) Se inadmitirán a trámite, mediante resolución motivada.

20. Según el artículo 19.3 de la Ley 19/2013, si la información solicitada pudiera afectar a derechos o intereses de terceros, debidamente identificados, se les concederá un plazo, para que puedan realizar las alegaciones que estimen oportunas, de:

a) Siete días.
b) Diez días.
c) Quince días.

21. La resolución en la que se conceda o deniegue el acceso a información pública deberá notificarse al solicitante y a los terceros afectados que así lo hayan solicitado en el plazo máximo, desde la recepción de la solicitud por el órgano competente para resolver, de:

a) 10 días.
b) 15 días.
c) 1 mes.

22. El acceso a la información pública se realizará preferetemente por vía electrónica, salvo cuando no sea posible o el solicitante haya señalado expresamente otro medio. Cuando no pueda darse el acceso en el momento de la notificación de la resolución deberá otorgarse, en cualquier caso, en un plazo no superior a:

a) 5 días.
b) 7 días.
c) 10 días.

23. La motivación de una solicitud de acceso a la información, según la Ley 19/2013:

a) Es requisito ineludible para que se facilite la información.
b) Será causa de rechazo de la solicitud.
c) Se deja a la decisión del solicitante.

24. El acceso a la información pública requiere:

a) Solicitud previa.
b) Acreditación de la condición de interesado.
c) Motivación expresa.

25. Cuando la información pública solicitada no contuviera datos especialmente protegidos, el órgano al que se dirija la solicitud concederá el acceso previa .... suficientemente razonada del interés público en la divulgación de la información y los derechos de los afectados cuyos datos aparezcan en la información solicitada, en particular su derecho fundamental a la protección de datos de carácter personal. Señala la palabra que falta:

a) Catalogación.
b) Acreditación.
c) Ponderación.

26. Transcurrido el plazo máximo para resolver una solicitud de acceso a información pública sin que se haya dictado y notificado resolución expresa se entenderá:

a) Que la solicitud ha sido desestimada.
b) Que la solicitud se inadmitía a trámite.
c) Que el plazo para resolver queda prorrogado.

27. En relación a la formalización del acceso a información pública, es cierto que:

a) El acceso a la información ha de realizarse por vía electrónica.
b) Si ha existido oposición de tercero, el acceso solo tendrá lugar cuando, habiéndose concedido dicho acceso, haya transcurrido el plazo para interponer recurso contencioso administrativo sin que se haya formalizado o haya sido resuelto confirmando el derecho a recibir la información.
c) Si la información ya ha sido publicada, la resolución se ha de limitar a indicar al solicitante cómo puede acceder a ella.

28. ¿Qué organismo público se crea por la Ley 19/2013, de 9 de diciembre, de transparencia, acceso a la información pública y buen gobierno con la finalidad de promover la transparencia de la actividad pública, velar por el cumplimiento de las obligaciones de publicidad, salvaguardar el ejercicio de derecho de acceso a la información pública y garantizar la observancia de las disposiciones de buen gobierno?

a) El Instituto Nacional de Ética y Gobernanza.
b) La Comisión Ministerial de Lucha contra la Corrupción.
c) El Consejo de Transparencia y Buen Gobierno.

29. El incumplimiento reiterado de la obligación de resolver en plazo procedimientos de acceso a la información pública:

a) Tendrá la consideración de infracción grave.
b) Tendrá la consideración de infracción muy grave.
c) Tendrá la consideración de infracción leve.

30. El incumplimiento reiterado de las obligaciones de publicidad activa reguladas en el capítulo II del título I de la Ley 19/2013, de 9 de diciembre, de transparencia, acceso a la información pública y buen gobierno, tendrá la consideración, a los efectos de aplicación a sus responsables del régimen disciplinario previsto en la correspondiente normativa reguladora, de infracción:

a) Grave.
b) Leve.
c) Muy grave.

Solución al test n.º 8

1. b) Transparencia.

2. b) Que perciban durante el período de un año ayudas o subvenciones públicas en una cuantía superior a 100.000 euros o cuando al menos el 40% del total de sus ingresos anuales tengan carácter de ayuda o subvención pública, siempre que alcancen como mínimo la cantidad de 5.000 euros.

3. a) Previa disociación de los mismos.

4. b) Las Administraciones Públicas publicarán los planes y programas anuales y plurianuales en los que se fijen objetivos concretos, así como las actividades, medios y tiempo previsto para su consecución.

5. a) Las Administraciones Públicas, en el ámbito de sus competencias, publicarán los proyectos de Reglamento cuya iniciativa les corresponda.

6. b) Las declaraciones anuales de bienes y actividades de los representantes locales, con especial referencia a los datos relativos a la localización concreta de los bienes inmuebles.

7. b) Accesibilidad.

8. b) Eficacia.

9. a) 50.000 euros.

10. c) Se aplica en sus actividades sujetas al Derecho Administrativo.

11. c) 50 por 100.

12. a) La información pública.

13. a) La información contuviera datos personales que revelen la ideología, afiliación sindical, religión o creencias.

14. c) Solo se podrá autorizar el acceso en caso de que se cuente con el consentimiento expreso del afectado o si el acceso estuviera amparado por una norma con rango de ley.

15. c) Relativas a información para cuya divulgación sea necesaria una acción previa de reelaboración.

16. b) Que se dirijan a un órgano en cuyo poder no obre la información.

17. a) 10 días.

18. a) Los solicitantes de información podrán dirigirse a las Administraciones Públicas en cualquiera de las lenguas cooficiales del Estado en el territorio en el que radique la Administración en cuestión.

19. c) Se inadmitirán a trámite, mediante resolución motivada.

20. c) Quince días.

21. c) 1 mes.

22. c) 10 días.

23. c) Se deja a la decisión del solicitante.

24. a) Solicitud previa.

25. c) Ponderación.

26. a) Que la solicitud ha sido desestimada.

27. b) Si ha existido oposición de tercero, el acceso solo tendrá lugar cuando, habiéndose concedido dicho acceso, haya transcurrido el plazo para interponer recurso contencioso administrativo sin que se haya formalizado o haya sido resuelto confirmando el derecho a recibir la información.

28. c) El Consejo de Transparencia y Buen Gobierno.

29. a) Tendrá la consideración de infracción grave.

30. a) Grave.

TEST N.º 9

Ley 31/95, de 8 de noviembre de Prevención de Riesgos Laborales: Capítulo Primero: objeto, ámbito de aplicación y definiciones. Capítulo III. Derechos y obligaciones

1. La función de vigilancia y control de la normativa sobre prevención de riesgos laborales corresponde:

a) A la Dirección General de Personal y Desarrollo Profesional.
b) A la Delegación Provincial de Trabajo.
c) A la Inspección de Trabajo y Seguridad Social.

2. ¿Qué se entiende por "riesgo laboral"?

a) La posibilidad de que un trabajador sufra un determinado daño derivado del trabajo.
b) La posibilidad de que un trabajador sufra una enfermedad en el trabajo.
c) La posibilidad de que un trabajador sufra acoso.

3. ¿Quién debe garantizar a los trabajadores la vigilancia periódica de su estado de salud en función de los riesgos inherentes al trabajo?

a) La Inspección de Trabajo.
b) El propio trabajador.
c) El empresario.

4. El derecho básico reconocido a los trabajadores por la Ley 31/1995, de 8 de noviembre, es:

a) La vigilancia de su estado de salud.
b) Una protección eficaz en materia de seguridad y salud en el trabajo.
c) La formación en materia preventiva.

5. Indica cuál es la definición de prevención:

a) La probabilidad racional de que un riesgo se materialice de forma inminente.
b) El estudio de los procesos potencialmente peligrosos para el trabajo.
c) Conjunto de actividades o medidas adoptadas o previstas en todas las fases de actividad de la empresa con el fin de evitar o disminuir los riesgos derivados del trabajo.

6. Quedan bajo el ámbito de la Ley de Prevención de Riesgos Laborales:

a) La totalidad de las relaciones laborales reguladas en el Estatuto de los Trabajadores.

b) La totalidad de las relaciones laborales establecidas en el ámbito de las funciones públicas de policía y seguridad.

c) Las relaciones laborales de carácter especial del servicio del hogar familiar.

7. ¿Cuál es la vigente Ley de Prevención de Riesgos Laborales?

a) Ley 32/1995, de 8 de noviembre.

b) Ley 30/1996, de 8 de noviembre.

c) Ley 31/1995, de 8 de noviembre.

8. Entre los principios de la acción preventiva recogidos por el artículo 15 de la Ley de Prevención de Riesgos Laborales, no figura:

a) Evitar los riesgos.

b) Evaluar los riesgos que se puedan evitar.

c) Tener en cuenta la evolución de la técnica.

9. Entre las obligaciones de los trabajadores recogidas por la Ley de Prevención de Riesgos Laborales, no figura:

a) Informar directamente al empresario de cualquier situación que entrañe riesgo para la seguridad o salud de los trabajadores.

b) Contribuir al cumplimiento de las obligaciones establecidas por la autoridad competente con el fin de proteger la seguridad y la salud de los trabajadores en el trabajo.

c) Cooperar con el empresario para que este pueda garantizar unas condiciones de trabajo que sean seguras y no entrañen riesgos para la seguridad y la salud de los trabajadores.

10. ¿Qué función corresponde a la Inspección de Trabajo y Seguridad Social?

a) Únicamente la función de vigilancia sobre prevención de riesgos laborales.

b) Únicamente la función de control de la normativa sobre prevención de riesgos laborales.

c) Tanto la función de vigilancia como la de control de la normativa sobre prevención de riesgos laborales.

11. El órgano científico técnico especializado de la Administración General del Estado que tiene como misión el análisis y estudio de las condiciones de seguridad y salud en el trabajo, así como la promoción y apoyo a la mejora de las mismas, es:

a) El Instituto Nacional de Seguridad y Salud en el Trabajo.

b) La Comisión Nacional de Seguridad y Salud en el Trabajo.

c) El Instituto Carlos III.

12. La Presidencia de la Comisión Nacional de Seguridad y Salud en el Trabajo, corresponde a:

a) El titular del Ministerio competente en materia de Sanidad.
b) El titular del Ministerio competente en materia de Empleo.
c) El Secretario de Estado de Empleo.

13. ¿Qué capítulo de la Ley 31/1995, de Prevención de Riesgos Laborales se refiere a los derechos y obligaciones?

a) Capítulo 2.
b) Capítulo 3.
c) Capítulo 4.

14. La evaluación de los riesgos laborales es:

a) Es un proceso técnico en la organización del trabajo.
b) Un proceso dirigido a estimar la magnitud de los riesgos que no hayan podido evitarse.
c) Es un procedimiento estático.

15. En los casos de concurrencia de trabajadores de varias empresas en un centro de trabajo cuando existe un empresario principal, uno de los deberes de vigilancia por parte de este, consistirá en:

a) Impulsar la regulación de esquemas organizativos, que eviten los accidentes de trabajo.
b) Comprobar que las empresas contratistas y subcontratistas concurrentes en su centro de trabajo han establecido los necesarios medios de coordinación entre ellas.
c) Asegurar la correcta utilización por parte de los trabajadores de las empresas concurrentes de los correspondientes dispositivos de seguridad disponibles.

16. Cuando los trabajadores estén expuestos a un riesgo grave e inminente con ocasión de su trabajo, y el empresario no adopte o no permita la adopción de las medidas necesarias para garantizar la seguridad y la salud de los trabajadores, la Ley 31/1995, de 8 de noviembre, de Prevención de Riesgos Laborales prevé:

a) Los trabajadores afectados podrán paralizar la actividad.
b) El órgano de representación del personal instará formalmente al empresario a la adopción de las medidas necesarias.
c) El órgano de representación de personal podrá acordar la paralización de la actividad.

17. Según establece el art. 4 de la Ley 31/1995, de 8 de noviembre, de Prevención de Riesgos Laborales, se define como daños derivados del trabajo:

a) La posibilidad de que un trabajador sufra un determinado daño derivado del trabajo.
b) El que resulte probable racionalmente que se materialice en un futuro inmediato y pueda suponer y pueda suponer un daño grave para la salud de los trabajadores.
c) Las enfermedades, patologías o lesiones sufridas con motivo u ocasión del trabajo.

18. El art. 10 de la LPRL establece las actuaciones que le corresponderán a las Administraciones Públicas en materia sanitaria. De las siguientes respuestas señale la incorrecta:

a) El establecimiento de medios adecuados para la evaluación y control de las actuaciones de carácter sanitario que se realicen en empresas por los servicios de prevención actuantes.

b) La supervisión de la formación que, en materia de prevención y promoción de la salud laboral, deba recibir el personal sanitario actuante en los servicios de prevención autorizados.

c) Elaborar los informes solicitados por los Juzgados de lo social en las demandas deducidas ante los mismos en los procedimientos de accidentes de trabajo y enfermedades profesionales.

19. El art. 21 de la LPRL establece los requisitos y el procedimiento para que los representantes legales de los trabajadores acuerden la paralización de la actividad de los trabajadores que están o puedan estar expuestos a un riesgo grave e inminente si el empresario no adopta las medidas necesarias para garantizar la seguridad y salud de los trabajadores. La medida será adoptada por:

a) Acuerdo por mayoría absoluta de sus miembros. Tal acuerdo será comunicado de inmediato a la empresa y a la autoridad laboral, la cual, en el plazo de 48 horas, anulará o ratificará la paralización acordada.

b) Acuerdo por mayoría de 2/3 de sus miembros. Tal acuerdo será comunicado de inmediato a la empresa y a la autoridad laboral, la cual, en el plazo de 24 horas, anulará o ratificará la paralización acordada.

c) Acuerdo por mayoría de sus miembros. Tal acuerdo será comunicado de inmediato a la empresa y a la autoridad laboral, la cual, en el plazo de 24 horas, anulará o ratificará la paralización acordada.

20. El art. 23 de la LPRL establece la documentación que el empresario debe elaborar y conservar a disposición de la autoridad laboral. De las siguientes no está incluido:

a) El Plan de prevención de riesgos laborales.
b) Evaluación de los riesgos para la seguridad y la salud en el trabajo.
c) La planificación de la actividad laboral.

21. Los instrumentos esenciales para la gestión y aplicación del Plan de prevención de riesgos laborales son:

a) La evaluación de riesgos y la planificación de la actividad preventiva.
b) La evaluación inicial de riesgos y la formación.
c) La planificación y la gestión de la actividad preventiva.

22. El posible cambio de puesto de trabajo con riesgo para una trabajadora embarazada:

a) Deberá realizarse en caso de imposibilidad de adaptación del propio puesto.
b) Se hará previo informe en tal sentido del Servicio de Prevención.
c) Se determinará por el empresario, y dará información a los representantes de los trabajadores.

23. La prevención de riesgos laborales deberá integrarse en el sistema general de gestión de la empresa a través de:

a) La política preventiva.
b) El plan de prevención.
c) El consenso de las partes.

24. El objeto y carácter de la norma de la Ley 31/95 de Prevención de Riesgos Laborales dice:

a) La presente Ley tiene por objeto promover la salud de los trabajadores mediante la aplicación de medidas y el desarrollo de las actividades necesarias para la prevención de riesgos derivados del trabajo.
b) La presente Ley tiene por objeto promover la seguridad y la salud de los trabajadores mediante la aplicación de medidas y el desarrollo de las actividades necesarias para la prevención de riesgos derivados del trabajo.
c) La presente Ley tiene por objeto promover la seguridad de los trabajadores mediante la aplicación de medidas y el desarrollo de las actividades necesarias para la prevención de riesgos derivados del trabajo.

25. Las normas reglamentarias en materia de prevención las dicta:

a) El Gobierno, a través de las correspondientes normas reglamentarias y previa consulta a las organizaciones sindicales y empresariales más representativas.
b) Los Delegados de Prevención.
c) Los Delegados de Prevención y el Empresario.

26. La Comisión Nacional de Seguridad y Salud en el trabajo, está compuesta por:

a) Representantes de las organizaciones sindicales y empresariales.
b) Un representante de cada una de las Comunidades Autónomas y representantes de las organizaciones sindicales y empresariales.
c) Un representante de cada una de las Comunidades Autónomas y por igual número de miembros de la Administración General del Estado y, paritariamente con todos los anteriores, por representantes de las organizaciones empresariales y sindicales más representativas.

27. La acción preventiva en la empresa:

a) Se planificará por el Comité de Seguridad y Salud a partir de una evaluación inicial de riesgos.

b) Se planificará por los Delegados de Prevención a partir de una evaluación inicial de riesgos.

c) Se planificará por el empresario a partir de una evaluación inicial de riesgos.

28. ¿Cuándo se deben utilizar los equipos de protección individual?

a) Siempre.

b) Cuando los riesgos no hayan sido evaluados.

c) Cuando los riesgos no se puedan evitar o no puedan limitarse.

29. ¿Debe el trabajador prestar su consentimiento para que le realicen vigilancia de la salud?

a) No.

b) Sí.

c) Depende del número de trabajadores de la empresa.

30. La información y formación de los trabajadores, debe ser asesorada y apoyada a la empresa por:

a) Por los Delegados de Prevención.

b) Por las Secciones Sindicales.

c) Por los Servicios de Prevención.

Solución al test n.º 9

1. c) A la Inspección de Trabajo y Seguridad Social.

2. a) La posibilidad de que un trabajador sufra un determinado daño derivado del trabajo.

3. c) El empresario.

4. b) Una protección eficaz en materia de seguridad y salud en el trabajo.

5. c) Conjunto de actividades o medidas adoptadas o previstas en todas las fases de actividad de la empresa con el fin de evitar o disminuir los riesgos derivados del trabajo.

6. a) La totalidad de las relaciones laborales reguladas en el Estatuto de los Trabajadores.

7. c) Ley 31/1995, de 8 de noviembre.

8. b) Evaluar los riesgos que se puedan evitar.

9. a) Informar directamente al empresario de cualquier situación que entrañe riesgo para la seguridad o salud de los trabajadores.

10. c) Tanto la función de vigilancia como la de control de la normativa sobre prevención de riesgos laborales.

11. a) El Instituto Nacional de Seguridad y Salud en el Trabajo.

12. c) El Secretario de Estado de Empleo.

13. b) Capítulo 3.

14. b) Un proceso dirigido a estimar la magnitud de los riesgos que no hayan podido evitarse.

15. b) Comprobar que las empresas contratistas y subcontratistas concurrentes en su centro de trabajo han establecido los necesarios medios de coordinación entre ellas.

16. c) El órgano de representación de personal podrá acordar la paralización de la actividad.

17. c) Las enfermedades, patologías o lesiones sufridas con motivo u ocasión del trabajo.

18. c) Elaborar los informes solicitados por los Juzgados de lo social en las demandas deducidas ante los mismos en los procedimientos de accidentes de trabajo y enfermedades profesionales.

19. c) Acuerdo por mayoría de sus miembros. Tal acuerdo será comunicado de inmediato a la empresa y a la autoridad laboral, la cual, en el plazo de 24 horas, anulará o ratificará la paralización acordada.

20. c) La planificación de la actividad laboral.

21. a) La evaluación de riesgos y la planificación de la actividad preventiva.

22. a) Deberá realizarse en caso de imposibilidad de adaptación del propio puesto.

23. b) El plan de prevención.

24. b) La presente Ley tiene por objeto promover la seguridad y la salud de los trabajadores mediante la aplicación de medidas y el desarrollo de las actividades necesarias para la prevención de riesgos derivados del trabajo.

25. a) El Gobierno, a través de las correspondientes normas reglamentarias y previa consulta a las organizaciones sindicales y empresariales más representativas.

26. c) Un representante de cada una de las Comunidades Autónomas y por igual número de miembros de la Administración General del Estado y, paritariamente con todos los anteriores, por representantes de las organizaciones empresariales y sindicales más representativas.

27. c) Se planificará por el empresario a partir de una evaluación inicial de riesgos.

28. c) Cuando los riesgos no se puedan evitar o no puedan limitarse.

29. b) Sí.

30. c) Por los Servicios de Prevención.

TEST N.º 10

Procesadores de texto: Principales funciones y utilidades. Creación y estructuración del documento. Gestión, grabación, recuperación e impresión de ficheros. Personalización del entorno de trabajo

1. En Word 365, ¿qué afirmación es correcta respecto a una nota al pie y una nota al final?

a) Por defecto la nota al final se coloca al final de la página y la nota al pie se coloca en el pie de la página.

b) En una nota al pie o en una nota al final se puede elegir un símbolo para que aparezca en todas las notas a pie o notas al final que apliquemos.

c) En una nota a pie se puede personalizar el formato con el que se presentan, y la nota al final siempre muestra un formato de tipo i,ii,iii…

2. ¿Para qué sirve el botón ⬛ de la cinta Programador, que aparece en el grupo Controles?

a) Propiedades.
b) Modo diseño.
c) Control de herramientas de imagen.

3. ¿Qué es una tabla de autoridades? ¿desde dónde se pueden insertar?

> La referencia cruzada que creamos está en la página 1

a) Es una tabla que permite recopilar y organizar citas legales o referencias normativas que aparecen a lo largo del texto. Se puede insertar desde la cinta "Referencias". Si no aparece debemos mostrar el grupo personalizando la cinta de opciones.

b) Es una tabla que muestra las partes más importantes del documento. Se puede insertar desde la cinta "Insertar". Si no aparece debemos mostrar el grupo personalizando la cinta de opciones.

c) Es una tabla que permite recopilar y organizar citas legales o referencias normativas que aparecen a lo largo del texto. Se puede insertar desde la cinta "Ver". Si no aparece debemos mostrar el grupo personalizando la cinta de opciones.

4. ¿Desde qué pestaña del cuadro "Configurar página" podemos aplicar alineación vertical a un documento?

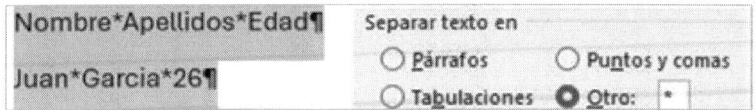

El vídeo proporciona una manera eficaz para ayudarle a demostrar el punto. ↓	Cuando haga clic en Vídeo en línea, puede pegar el código para insertar del vídeo que desea agregar. También puede escribir una palabra clave para buscar en línea el vídeo que mejor se adapte a su documento.	Para otorgar a su documento un aspecto profesional, Word proporciona encabezados, pies de página.

a) Pestaña Márgenes.
b) Pestaña Papel.
c) Pestaña Disposición.

5. Colocados en una tabla, ¿cómo podemos ordenar la tabla en base a una de sus columnas?

a) Pulsando en la cinta "Datos", grupo "Ordenar". Pulsando el botón "Ordenar".
b) Pulsando en la cinta "Diseño de Tabla", grupo "Datos". Pulsando el botón "Ordenar".
c) Pulsando en la cinta "Disposición de Tabla", grupo "Datos". Pulsando el botón "Ordenar".

6. ¿Qué sucede al pulsar el botón ☐ situado en la esquina inferior derecha de una tabla?

a) Permite seleccionar la última fila de la tabla.
b) Permite mover la tabla a cualquier lugar del documento.
c) Permite modificar de forma sencilla y visual el tamaño de la tabla.

7. ¿Qué combinación de teclas aplica un subrayado doble a un párrafo seleccionado?

EDITORIAL M A D

a) CTRL+MAYUSC+D.
b) CTRL+MAYUSC+L.
c) CTRL+MAYUSC+M.

8. ¿Qué combinación de teclas permite contraer o ampliar la cinta de opciones en Word 365?

a) MAYUSC+F1
b) CTRL+1
c) CTRL+F1

9. ¿Cuál de las siguientes afirmaciones es correcta teniendo en cuenta la captura de pantalla anterior?

a) El archivo está compartido en nuestro Onedrive. A la vista de la captura todos los usuarios con los que se ha compartido solo podrán ver el archivo. No podrán modificarlo.
b) El archivo está compartido en nuestro Onedrive. Al compartir el archivo podemos elegir si los usuarios con quien los compartamos pueden modificar el archivo o solo lo pueden ver.
c) El archivo ocupa mucho espacio y al pulsar en "Guardar" aparece el icono junto al disquete que indica que tardará unos segundos en acabar de guardarse.

10. ¿Qué formato de fuente no observamos en el párrafo anterior?

a) Espaciado expandido.
b) Borde a texto.
c) Espaciado anterior.

11. ¿Cuál de los siguientes es una opción que podemos encontrar en el cuadro de diálogo "Fuente"?

a) Escala.
b) Salto de página anterior.
c) Nivel de esquema.

12. ¿Desde qué lugar de Word 365 podemos cargar un archivo de audio de tipo MP4 y mostrar su contenido en el documento?

a) Desde la cinta Inicio, grupo Voz, botón transcribir.
b) Desde la cinta Revisar, grupo Voz, botón leer en voz alta.
c) Desde la cinta Inicio, grupo Voz, botón dictar.

13. ¿Qué sucede si, dejando pulsada la tecla CTRL, hacemos clic sobre un párrafo que tiene 20 palabras agrupadas en 3 frases?

a) Se selecciona la frase donde hagamos clic.
b) Se selecciona la palabra donde hagamos clic.
c) Se selecciona el párrafo donde hagamos clic.

14. ¿Qué sucede si aplicamos interlineado doble y sangría derecha de 5 cm a los dos primeros párrafos de un documento con 10 párrafos y pulsamos el botón "Establecer como predeterminado" del cuadro de diálogo "Párrafo"?

a) Se aplicará ese interlineado y esa sangría solo a los dos primeros párrafos del documento. Si a partir de ahora creamos nuevos documentos siempre se aplicará ese interlineado y esa sangría a los nuevos documentos.

b) Se aplicará ese interlineado y esa sangría solo a los dos primeros párrafos del documento. Al crear nuevos documentos no se crearán en ningún caso con ese interlineado y esa sangría.

c) Aparecerá un cuadro de diálogo que nos permite elegir si queremos aplicar ese interlineado y esa sangría a todos los párrafos del documento o a los nuevos documentos que creemos basados en la plantilla Normal.dotm.

15. Situados en el cuarto párrafo de un documento, si pulsamos la combinación CTRL+INICIO y a continuación mostramos el cuadro "Bordes y Sombreado". ¿Cuál de las siguientes afirmaciones es correcta?

a) Se coloca el punto de inserción al principio del párrafo donde estamos colocados y podemos aplicar un borde y un sombreado a texto.

b) Se coloca el punto de inserción al principio del párrafo donde estamos situados y podemos hacer aplicar un borde de página a todas las páginas de la sección excepto a la primera página.

c) Se coloca el punto de inserción al principio del documento y podemos hacer aplicar un borde de página a todas las páginas de la sección excepto a la primera página.

16. ¿Qué combinación de teclas muestra el cuadro de diálogo "Buscar y Reemplazar" con su pestaña "Ir a" a la vista?

a) CTRL+I.
b) CTRL+B.
c) CTRL+P.

17. ¿Cuál de los siguientes es un tipo de tabulación que no se puede aplicar en un documento de Word 365?

a) Tabulación con alineación decimal sin relleno.
b) Tabulación con alineación barra con relleno de puntos.
c) Tabulación con alineación centro con relleno de guiones bajos.

18. Si en el cuadro de diálogo "Buscar y reemplazar" de Word 365 escribimos en la caja "Buscar:" el texto "^w" (sin las comillas) y en la caja "Reemplazar:" escribimos el texto "^t" (sin comillas). ¿Qué acción se puede realizar en el documento?

a) Se sustituirán todos los espacios que tengamos en el documento por tabulaciones.

b) Se sustituirán todas las veces que aparezca la letra w (en minúsculas) por la letra t (en minúsculas).

c) Se sustituirán todos los saltos de párrafo por tabulaciones.

19. ¿Qué opción NO podemos aplicar al crear un nuevo estilo de tipo párrafo desde el cuadro "Crear un nuevo estilo a partir del formato?

a) Basar el nuevo estilo en otro estilo de párrafo creado anteriormente.

b) Elegir el estilo de párrafo a aplicar al párrafo siguiente al que apliquemos el estilo que estamos creando.

c) Elegir el estilo de párrafo a aplicar al párrafo anterior al que apliquemos el estilo que estamos creando.

20. Si tenemos aplicadas unas viñetas a varios párrafos. ¿Cómo podemos configurar las distancias a las que va situada tanto la viñeta como el texto? ¿Qué opciones podemos configurar en el cuadro que aparece?

a) Pulsando con el botón derecho sobre los párrafos seleccionados y eligiendo "Ajustar sangrías de lista". Entre otras opciones nos permite indicar si la viñeta va seguida de una tabulación, de un espacio o de nada.

b) Desde el cuadro "Definir nueva viñeta" pulsando el botón "Ajustar sangrías de viñeta". Solo nos permite indicar en que posición de la regla se deberá colocar la viñeta.

c) Pulsando con el botón derecho sobre los párrafos seleccionados y eligiendo "Ajustar sangrías de lista". Solo nos permite en que posición de la regla se deberá colocar la viñeta.

21. ¿Qué afirmación NO es correcta en relación con las listas multinivel?

a) Se pueden aplicar hasta nueve niveles.

b) Para disminuir un nivel a un párrafo de la lista se pulsa la tecla CTRL+TAB.

c) En cada nivel de la lista se pueden aplicar numeraciones distintas e incluso viñetas.

22. ¿Qué sucede si tenemos dos párrafos seleccionados y elegimos la opción de la cinta "Tabla" > "Tablas" > "Tabla" > "Insertar tabla"?

a) Crea una tabla con dos filas y una columna. En cada celda se situará un párrafo

b) Crea una tabla con una fila y una columna con todo el texto seleccionado.

c) Crea una tabla con tantas celdas como palabras tengan los dos párrafos.

23. Tenemos una tabla en la segunda página de un documento con 5 páginas. ¿Dónde se colocará el punto de inserción si estamos escribiendo en la tercera columna y segunda fila de la tabla y pulsamos la combinación ALT+RePág?

a) En la celda situada en la primera fila y tercera columna de la tabla.

b) Al principio de la segunda fila.

c) Al principio de la segunda página.

24. Si estamos colocados en la última celda de esta tabla y vamos al cuadro "Formula". ¿Cuál de las siguientes fórmulas no devolvería la suma de las tres celdas con valores numéricos que observamos?

a) =SUM(B1:B3).

b) =B1+B2+B3.

c) =SUM(BELOW).

25. ¿Qué observamos en este ejemplo de texto a tres columnas?

a) El punto de inserción está colocado en la segunda columna y hemos pulsado MAYUSC+INTRO para crear saltos de columna.

b) El punto de inserción está colocado en la segunda columna y hemos pulsado MAYUSC+INTRO para crear saltos de columna.

c) El punto de inserción está colocado en la segunda columna y hemos pulsado CTRL+MAYUSC+INTRO para crear saltos de columna.

26. ¿Desde dónde podemos insertar columnas periodísticas en Word 365?

a) Pestaña Disposición, grupo Configurar página.

b) Pestaña Insertar, grupo Configurar página.

c) Pestaña Diseño, grupo Columnas.

27. ¿En qué lugar de Word 365 podemos dejar grabado que siempre que escribamos el texto CEE en cualquier documento lo cambie por el texto "Comunidad Económica Europea"?

a) Desde la pestaña Insertar > Grupo Cambios > Botón autotexto.

b) Desde la pestaña Archivo > Opciones > Revisión >Opciones de Autocorrección.

c) Desde la pestaña Revisar > Grupo Seguimiento > Control de cambios.

28. ¿Cómo se llama la plantilla por defecto de Word 365 y cómo podemos saber dónde está guardada?

a) La plantilla se llama Normal.dotx y para saber dónde está vamos a Archivo > Opciones > Avanzadas > Ubicaciones de archivos.

b) La plantilla se llama Normal.dotx y para saber dónde está vamos a Archivo > Nuevo > Plantilla base.

c) La plantilla se llama Normal.dotm y para saber dónde está vamos a Archivo > Opciones > Avanzadas > Ubicaciones de archivos.

29. ¿Cómo se puede eliminar un salto de sección a página impar que está colocado en la mitad de una página?

a) Pulsando con el botón derecho sobre el salto de sección y eligiendo Eliminar.

b) Seleccionando el salto de sección a página impar y pulsando la tecla SUPR.

c) Seleccionando el salto de sección a página impar y pulsando en la cinta Disposición > Saltos > Eliminar Salto.

30. Situados en el tercer párrafo de un documento con 10 páginas, ¿desde dónde podemos indicar que queremos encabezados distintos para la primera página que para el resto del documento?

a) Desde la cinta "Encabezado y pie de página" desde el grupo "Opciones".

b) Desde la cinta "Ver" desde el grupo "Mostrar" pulsando en "Encabezados distintos para la primera página".

c) Desde el cuadro "Configurar página", desde la cinta "Disposición". El cuadro "Configurar página" se puede mostrar haciendo doble clic sobre la regla vertical.

31. ¿Cuál de las siguientes opciones se puede personalizar desde el cuadro "Formato de los números de páginas" de Word 365?

a) Que el formato de la numeración sea A,B,C,...
b) Que la numeración se inicie en el número 15, aunque el documento tenga 10 páginas.
c) Todas las respuestas son correctas.

32. ¿Con qué combinación insertamos un marcador y desde donde podemos hacer que se muestren en el documento?

a) Se insertan con la combinación CTRL+MAYUSC+F5. Se pueden ver desde Archivo > Opciones> Avanzadas > Mostrar contenido de documento.
b) Se insertan pulsando con el botón derecho "Insertar marcador". Se pueden ver desde la cinta Ver > Mostrar > Marcadores.
c) Se insertan con la combinación CTRL+MAYUSC+F5. Se pueden ver desde Ver > Mostrar > Marcadores.

33. Podemos insertar un nuevo título en un documento de Word, desde la cinta Referencias > Títulos, ¿cuáles son los rótulos por defecto que nos aparecen al insertar un título y que no se pueden eliminar?

a) Ecuación, tablas y símbolos.
b) Ecuación, ilustración y tabla.
c) Ilustración, texto y símbolos.

34. ¿Qué combinación permite ver el documento en la vista borrador?

a) ALT+CTRL+N.
b) ALT+CTRL+D.
c) ALT+CTRL+K.

35. ¿Qué sucede si desde la cinta Revisar > Comparar elegimos la opción "Combinar"?

a) Muestra un cuadro de diálogo donde nos pide un documento y unos destinatarios y abre la cinta "Combinar Correspondencia" y nos pide dos documentos para crear cartas o sobres combinados entre ellos.
b) Muestra un cuadro de diálogo donde nos pide el documento original y el documento revisado y crea un documento en el que se unirán los cambios realizados en un único documento, mostrando quién hizo cada modificación.
c) Muestra un cuadro de diálogo donde nos pide el documento original y el documento revisado y los elementos que queramos comparar y generará un nuevo documento con las diferencias que elijamos con los elementos elegidos.

36. ¿Qué es una subentrada en un índice de Word 365? ¿Cómo aparecen en los documentos?

a) Se utilizan cuando una entrada de índice tiene términos estrechamente relacionados con ella que también aparecen en el documento. Aparecerán debajo de la entrada principal y sangradas a la derecha.

b) Se utilizan cuando una entrada de índice aparece dos veces y una con un tamaño menor. Aparecerán debajo de la entrada principal y sangradas a la izquierda.

c) Se utilizan cuando una entrada de índice aparece mas de una vez en el documento. Aparecerán encima de la entrada principal y y sangradas a la derecha.

37. Creamos una referencia cruzada en 1 que apunta a un marcador llamado MIMARCA que está en la página 1. Si modificamos el documento y el marcador MIMARCA ahora está en la página 4. ¿Qué afirmación es correcta?

a) Para acceder al marcador MIMARCA debemos hacer clic sobre el texto"1" dejando pulsada la tecla ALT.

b) Al cambiar la página del marcador en lugar de "1" aparecerá el texto "4" automáticamente.

c) Colocados sobre el texto "1" debemos pulsar la tecla F9 para que se actualice y cambie a "4"

38. ¿Qué tipo de ilustración utilizamos si queremos mostrar información escalonada, como por ejemplo de los puestos de una empresa?

a) Gráfico de tipo áreas.

b) Smartart de ciclo.

c) Smartart de jerarquía.

39. ¿Cuál es el objetivo principal del texto alternativo en las imágenes y como se muestra?

a) El principal objetivo es mejorar la accesibilidad. Se muestra pasar el ratón sobre la imagen.

b) El principal objetivo es mejorar la accesibilidad. Se muestra desde la cinta "Revisar" > Comprobar accesibilidad.

c) El principal objetivo es mejorar la accesibilidad. Se muestra en la parte inferior de la imagen como un comentario.

40. ¿Qué se activa si pulsamos la combinación CTRL + tecla de logotipo de Windows + INTRO?

a) El narrador de Windows.

b) Los filtros de color.

c) La lupa de Windows.

41. ¿Cuál de estas opciones se pueden elegir desde el cuadro "Destinatarios de Combinar Correspondencia"?

a) Ordenar el origen de datos en base a alguno de los registros que debemos indicar en el cuadro "Ordenar y Filtrar".
b) Filtrar el origen de datos en base a alguno de los registros que debemos indicar en el cuadro "Ordenar y Filtrar".
c) Mostar solo los destinatarios que cumplan una o varias condiciones en base a sus campos.

42. ¿Cuál de estas opciones se pueden elegir pulsando el botón "Finalizar y combinar" de la cinta "Correspondencia"?

a) Imprimir documentos.
b) Crear archivo PDF.
c) Crear archivo XPS.

43. ¿A qué se corresponde la primera fila de una base de datos que usamos para combinar correspondencia con un documento principal?

a) El registro principal de la base de datos.
b) Los nombres de los registros de la base de datos a combinar.
c) Los nombres de los campos de la base de datos a combinar.

44. ¿Desde qué cinta podemos insertar controles de un formulario en Word 365?

a) Cinta Programador > grupo controles.
b) Cinta Insertar > grupo controles.
c) Cinta Ver > grupo controles.

45. ¿Cómo podemos obligar a que en nuestro documento solo se puedan introducir datos en los controles de un formulario?

a) Cinta Programador > Grupo Controles > Restringir.
b) Cinta Revisar > Grupo Proteger > Restringir Edición.
c) Cinta Vista > Grupo Proteger > Restringir Edición.

46. Si tenemos seleccionado un rango de celdas de Excel 365 y lo copiamos. ¿Cómo podemos vincular ese rango de celdas en un documento de Word?

a) Cinta Inicio > Portapapeles > Pegar > Pegado Especial > Pegar.
b) Cinta Inicio > Portapapeles > Pegar > Mantener el formato de origen.
c) Cinta Inicio > Portapapeles > Pegar > Pegado Especial > Pegar vínculo.

47. ¿Qué afirmación es correcta con relación a los comentarios de Word 365?

a) La combinación MAYUSC+INTRO permite publicar un comentario.
b) Los comentarios se pueden insertar desde la cinta "Ver".
c) Los comentarios se pueden mostrar de dos formas: "contextual" o "en línea"

48. ¿Dónde podemos activar el control de versiones y que es lo primero que nos aparece al activarlo?

a) Cinta Archivo > Información > Historial de Versiones. Lo primero que nos pide es que carguemos el archivo en Onedrive.

b) Cinta Ver > Historial de Versiones. Lo primero que nos pide es que guardemos el archivo con extensión DOTX.

c) Cinta Revisar > Seguimiento > Historial de Versiones. Lo primero que nos pide es que carguemos el archivo en Onedrive.

49. Si con un texto seleccionado pulsamos la tecla CONTROL y sin soltarla pulsamos la barra espaciadora. ¿Qué acción se lleva a cabo en Word 365?

a) Quita el formato del texto seleccionado.

b) Coloca el punto de inserción al final del documento.

c) Activa o desactiva el control de cambios.

50. ¿Qué combinación de teclas despliega la cinta "Archivo" de Word 365?

a) CTRL+ A.

b) ALT+O

c) ALT+A.

51. A la vista de la regla, ¿qué sangría de las siguientes no se ha aplicado en el primer párrafo del documento?

a) Sangría especial de primera línea en el centímetro 3.

b) Sangría especial francesa en el centímetro 3.

c) Sangría especial de primera línea en el centímetro 1.

52. Con las tabulaciones predeterminadas a 1,25 cm, si tenemos en un párrafo aplicado un tabulador en el centímetro 2 como el que observamos en esta regla, al pulsar la tecla INTRO nos colocamos al principio del nuevo párrafo. ¿Cuál de las siguientes afirmaciones es correcta?

a) El punto de la figura del tabulador indica que el tabulador del centímetro 2 tiene aplicado un relleno.

b) Al pulsar dos veces el tabulador el punto de inserción se irá, por defecto al centímetro 3,25 ya que el primer tabulador nos lleva al centímetro 2 y las tabulaciones predeterminadas son de 1,25 cm.

c) Al pulsar dos veces el tabulador el punto de inserción se irá, por defecto al centímetro 2,5.

53. ¿Qué sucede si seleccionamos las dos primeras celdas de la tabla y pulsamos el botón Combinar Celdas?

MARTIN	GARCIA
Ventas	500

a) Se juntan las dos celdas en una y aparece solo el texto MARTIN.

b) Se juntan las dos celdas en una y aparece solo el texto GARCIA.

c) Se juntan las dos celdas en una y aparece el texto MARTIN, a continuación, un INTRO y después el texto GARCIA.

54. En un documento con estos cinco párrafos, si pulsamos el botón ordenar y elegimos estas opciones en el cuadro "Ordenar texto", ¿qué valor aparecerá en el 5.º párrafo?

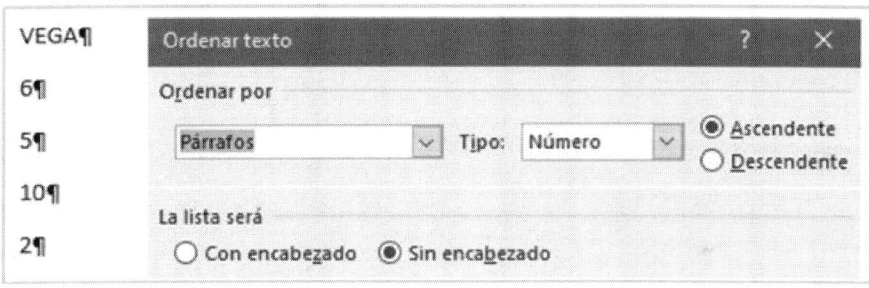

a) VEGA.

b) 2.

c) 10.

55. ¿Cuál de las siguientes afirmaciones sobre la opción de Dictar en Word es correcta?

a) La opción de Dictar se encuentra en el panel Insertar.

b) La opción de Dictar permite dictar texto y continúa funcionando incluso si cambiamos a otra ventana.

c) La opción de Dictar se detiene automáticamente si cambiamos de ventana en Word.

56. ¿Desde qué cinta insertamos los controles de formulario?

a) Diseño.

b) Inicio.

c) Programador.

57. Si tenemos abiertos dos documentos Martin.docx y Juan.doc, y tenemos en primer plano el documento Martin.docx, ¿qué sucederá al pulsar en la cinta Vista > Ventana > Dividir?

a) Se dividirá la ventana en dos y podremos ver el documento Juan.doc y Martín.docx al mismo tiempo.

b) Se dividirá la ventana en dos y podremos ver dos partes del documento Martín. docx al mismo tiempo.

c) Se mostrarán dos ventanas Martin.docx - 1 y Martin.docx-2.

58. ¿Qué combinación de teclas permite ver la lista de macros creadas en nuestro documento?

a) ALT+F10.

b) ALT+F8.

c) ALT+F11.

59. ¿Desde qué vista se puede trabajar con los documentos maestros en Word 365?

a) Desde la vista diseño web, aplicando plantillas maestras para crear las páginas web.

b) Desde la vista esquema.

c) Desde la vista modo de lectura.

60. ¿Qué acción lleva a cabo el botón Cambiar Ventanas de la cinta Vista en Word 365, si tenemos varios documentos abiertos y varias ventanas de algún documento?

a) Cambia entre las ventanas de los documentos de la carpeta actual donde está guardado nuestro documento.

b) Cambia entre las nuevas ventanas del documento abierto. Para Martin.docx serían Martin.docx (1) y Martin.docx (2).

c) Cambia entre las ventanas de los documentos abiertos, y las nuevas ventanas si hay alguna creada.

Solución al test n.º 10

1. b) En una nota al pie o en una nota al final se puede elegir un símbolo para que aparezca en todas las notas a pie o notas al final que apliquemos.

2. b) Modo diseño.

3. a) Es una tabla que permite recopilar y organizar citas legales o referencias normativas que aparecen a lo largo del texto. Se puede insertar desde la cinta "Referencias". Si no aparece debemos mostrar el grupo personalizando la cinta de opciones.

4. c) Pestaña Disposición.

5. c) Pulsando en la cinta "Disposición de Tabla", grupo "Datos". Pulsando el botón "Ordenar".

6. c) Permite modificar de forma sencilla y visual el tamaño de la tabla.

7. a) CTRL+MAYUSC+D.

8. c) CTRL+F1

9. b) El archivo está compartido en nuestro Onedrive. Al compartir el archivo podemos elegir si los usuarios con quien los compartamos pueden modificar el archivo o solo lo pueden ver.

10. c) Espaciado anterior.

11. a) Escala.

12. a) Desde la cinta Inicio, grupo Voz, botón transcribir.

13. a) Se selecciona la frase donde hagamos clic.

14. c) Aparecerá un cuadro de diálogo que nos permite elegir si queremos aplicar ese interlineado y esa sangría a todos los párrafos del documento o a los nuevos documentos que creemos basados en la plantilla Normal.dotm.

15. c) Se coloca el punto de inserción al principio del documento y podemos hacer aplicar un borde de página a todas las páginas de la sección excepto a la primera página.

16. a) CTRL+I.

17. b) Tabulación con alineación barra con relleno de puntos.

18. a) Se sustituirán todos los espacios que tengamos en el documento por tabulaciones.

19. c) Elegir el estilo de párrafo a aplicar al párrafo anterior al que apliquemos el estilo que estamos creando.

20. a) Pulsando con el botón derecho sobre los párrafos seleccionados y eligiendo "Ajustar sangrías de lista". Entre otras opciones nos permite indicar si la viñeta va seguida de una tabulación, de un espacio o de nada.

21. b) Para disminuir un nivel a un párrafo de la lista se pulsa la tecla CTRL+TAB.

22. a) Crea una tabla con dos filas y una columna. En cada celda se situará un párrafo

23. a) En la celda situada en la primera fila y tercera columna de la tabla.

24. c) =SUM(BELOW).

25. c) El punto de inserción está colocado en la segunda columna y hemos pulsado CTRL+MAYUSC+INTRO para crear saltos de columna.

26. a) Pestaña Disposición, grupo Configurar página.

27. b) Desde la pestaña Archivo > Opciones > Revisión >Opciones de Autocorrección.

28. c) La plantilla se llama Normal.dotm y para saber dónde está vamos a Archivo > Opciones > Avanzadas > Ubicaciones de archivos.

29. b) Seleccionando el salto de sección a página impar y pulsando la tecla SUPR.

30. c) Desde el cuadro "Configurar página", desde la cinta "Disposición". El cuadro "Configurar página" se puede mostrar haciendo doble clic sobre la regla vertical.

31. c) Todas las respuestas son correctas.

32. a) Se insertan con la combinación CTRL+MAYUSC+F5. Se pueden ver desde Archivo > Opciones> Avanzadas > Mostrar contenido de documento.

33. b) Ecuación, ilustración y tabla.

34. a) ALT+CTRL+N.

35. b) Muestra un cuadro de diálogo donde nos pide el documento original y el documento revisado y crea un documento en el que se unirán los cambios realizados en un único documento, mostrando quién hizo cada modificación.

36. a) Se utilizan cuando una entrada de índice tiene términos estrechamente relacionados con ella que también aparecen en el documento. Aparecerán debajo de la entrada principal y sangradas a la derecha.

37. c) Colocados sobre el texto "1" debemos pulsar la tecla F9 para que se actualice y cambie a "4"

38. c) Smartart de jerarquía.

39. b) El principal objetivo es mejorar la accesibilidad. Se muestra desde la cinta "Revisar" > Comprobar accesibilidad.

40. a) El narrador de Windows.

41. c) Mostar solo los destinatarios que cumplan una o varias condiciones en base a sus campos.

42. a) Imprimir documentos.

43. c) Los nombres de los campos de la base de datos a combinar.

44. a) Cinta Programador > grupo controles.

45. b) Cinta Revisar > Grupo Proteger > Restringir Edición.

46. c) Cinta Inicio > Portapapeles > Pegar > Pegado Especial > Pegar vínculo.

47. c) Los comentarios se pueden mostrar de dos formas: "contextual" o "en línea"

48. a) Cinta Archivo > Información > Historial de Versiones. Lo primero que nos pide es que carguemos el archivo en Onedrive.

49. a) Quita el formato del texto seleccionado.

50. c) ALT+A.

51. c) Sangría especial de primera línea en el centímetro 1.

52. c) Al pulsar dos veces el tabulador el punto de inserción se irá, por defecto al centímetro 2,5.

53. c) Se juntan las dos celdas en una y aparece el texto MARTIN, a continuación, un INTRO y después el texto GARCIA.

54. c) 10.

55. c) La opción de Dictar se detiene automáticamente si cambiamos de ventana en Word.

56. c) Programador.

57. b) Se dividirá la ventana en dos y podremos ver dos partes del documento Martín. docx al mismo tiempo.

58. b) ALT+F8.

59. b) Desde la vista esquema.

60. c) Cambia entre las ventanas de los documentos abiertos, y las nuevas ventanas si hay alguna creada.

Hojas de cálculo: Principales funciones y utilidades. Libros, hojas y celdas. Configuración. Introducción y edición de datos. Fórmulas y funciones. Gráficos. Gestión de datos. Personalización del entorno de trabajo

1. ¿A dónde puede enlazar un hipervínculo en Excel 365?

a) A cualquier hoja de cualquier libro de Excel 365 que tengamos abierto.
b) A cualquier nombre definido en nuestro libro.
c) A cualquier marcador definido en nuestro libro.

2. ¿Qué afirmación es correcta respecto a los comentarios y las notas en Excel 365?

⫪	A	B	C	D
1	Nombr ▾	Ciudad ▾	Grupo ▾	Ventas ▾
2	Martin	Salamanca	B	200,00 €
3	Alba	Ávila	A	100,00 €
4	Emilio	León	A	500,00 €

a) Al escribir una nota si pulsamos CTRL+INTRO se publicará y aparecerá un triángulo verde en la esquina superior derecha de la celda.

b) Al insertar un comentario en una celda aparece una marca de color morada en la esquina superior derecha de la celda. Los comentarios se pueden imprimir como aparecen en la hoja o en una nueva página al final de la hoja.

c) Al insertar una nota en una celda aparece un triángulo rojo en la esquina superior derecha de la celda. Las notas se pueden imprimir como aparecen en la hoja o en una nueva página al final de la hoja.

3. Si en la celda A1 tenemos el valor 10 y en la celda A2 tenemos el valor 20, ¿qué valor devuelve la celda A3 si en la celda A3 insertamos la fórmula =SUMA(B1;A1)/MINIMO(A1:B1)?

D1	⌄ : × ✓ fx ⌄	=$A1+$A$2+50	
	A	B	C	D
1	200,00 €	50,00 €		350,00 €
2	100,00 €	25,00 €		
3	500,00 €	10,00 €		

a) 2
b) 30
c) Error #¿NOMBRE?

4. A la vista de estos datos, ¿qué valor devolverá la celda G1 si insertamos la fórmula =MAX.SI.CONJUNTO(E:E;A:A;a*)?

	A	B	C	D	E
1	**Nombre**	**Ciudad**	**Grupo**	**Ventas**	**12,75%**
2	Martin	Salamanca	B	200,00 €	25,50 €
3	Alba	Ávila	A	100,00 €	12,75 €
4	Emilio	León	A	500,00 €	63,75 €
5	Raul	Zamora	B	600,00 €	76,50 €
6	Francisco	León	C	400,00 €	51,00 €
7	Ana	Zamora	C	900,00 €	114,75 €
8	Carla	Salamanca	A	300,00 €	38,25 €
9	Samuel	Zamora	B	700,00 €	89,25 €

a) 12,75
b) 114,75
c) Ana

5. A la vista de estos datos, ¿qué valor devolverá la celda G1 si insertamos la fórmula =INDICE(A2:E9;COINCIDIR(100;D2:D9;0);1)?

	A	B	C	D	E
1	**Nombre**	**Ciudad**	**Grupo**	**Ventas**	**12,75%**
2	Martin	Salamanca	B	200,00 €	25,50 €
3	Alba	Ávila	A	100,00 €	12,75 €
4	Emilio	León	A	500,00 €	63,75 €
5	Raul	Zamora	B	600,00 €	76,50 €
6	Francisco	León	C	400,00 €	51,00 €
7	Ana	Zamora	C	900,00 €	114,75 €
8	Carla	Salamanca	A	300,00 €	38,25 €
9	Samuel	Zamora	B	700,00 €	89,25 €

a) 100
b) Alba
c) Ávila

6. A la vista de estos datos, ¿qué valor devolverá la celda G1 si insertamos la fórmula =BUSCARV(100;A1:E9;2;0)?

	A	B	C	D	E
1	**Nombre**	**Ciudad**	**Grupo**	**Ventas**	**12,75%**
2	Martin	Salamanca	B	200,00 €	25,50 €
3	Alba	Ávila	A	100,00 €	12,75 €
4	Emilio	León	A	500,00 €	63,75 €
5	Raul	Zamora	B	600,00 €	76,50 €
6	Francisco	León	C	400,00 €	51,00 €
7	Ana	Zamora	C	900,00 €	114,75 €
8	Carla	Salamanca	A	300,00 €	38,25 €
9	Samuel	Zamora	B	700,00 €	89,25 €

a) 12,75
b) 100
c) Error #N/D

7. A la vista de estos datos, ¿qué valor devolverá la celda G1 si insertamos la fórmula =BUSCARH(C*;A1:E9;3;0)?

	A	B	C	D	E
1	**Nombre**	**Ciudad**	**Grupo**	**Ventas**	**12,75%**
2	Martin	Salamanca	B	200,00 €	25,50 €
3	Alba	Ávila	A	100,00 €	12,75 €
4	Emilio	León	A	500,00 €	63,75 €
5	Raul	Zamora	B	600,00 €	76,50 €
6	Francisco	León	C	400,00 €	51,00 €
7	Ana	Zamora	C	900,00 €	114,75 €
8	Carla	Salamanca	A	300,00 €	38,25 €
9	Samuel	Zamora	B	700,00 €	89,25 €

a) Ávila.
h) Salamanca.
c) León.

8. A la vista de estos datos, ¿qué valor devolverá la celda G1 si insertamos la fórmula =BUSCARV(Francis;A1:E9;2;0)?

	A	B	C	D	E
1	**Nombre**	**Ciudad**	**Grupo**	**Ventas**	**12,75%**
2	Martin	Salamanca	B	200,00 €	25,50 €
3	Alba	Ávila	A	100,00 €	12,75 €
4	Emilio	León	A	500,00 €	63,75 €
5	Raul	Zamora	B	600,00 €	76,50 €
6	Francisco	León	C	400,00 €	51,00 €
7	Ana	Zamora	C	900,00 €	114,75 €
8	Carla	Salamanca	A	300,00 €	38,25 €
9	Samuel	Zamora	B	700,00 €	89,25 €

a) León
b) C
c) Error #N/D

9. A la vista de estos datos, ¿qué valor devolverá la celda G1 si insertamos la fórmula =BUSCARV(Zamora;B1:E9;3;0)?

	A	B	C	D	E
1	Nombre	Ciudad	Grupo	Ventas	12,75%
2	Martin	Salamanca	B	200,00 €	25,50 €
3	Alba	Ávila	A	100,00 €	12,75 €
4	Emilio	León	A	500,00 €	63,75 €
5	Raul	Zamora	B	600,00 €	76,50 €
6	Francisco	León	C	400,00 €	51,00 €
7	Ana	Zamora	C	900,00 €	114,75 €
8	Carla	Salamanca	A	300,00 €	38,25 €
9	Samuel	Zamora	B	700,00 €	89,25 €

a) 600

b) 900

c) 700

10. Si en la celda A1 tenemos el valor 9, ¿qué valor devuelve la celda A2 si en la celda A2 insertamos la fórmula =SI.CONJUNTO(A1<3;Fatal;A1<5;Mal;A1<7;Bien;A1<9;Muy bien)?

	A	B	C	D	E
1	Nombre	Ciudad	Grupo	Ventas	12,75%
2	Martin	Salamanca	B	200,00 €	25,50 €
3	Alba	Ávila	A	100,00 €	12,75 €
4	Emilio	León	A	500,00 €	63,75 €
5	Raul	Zamora	B	600,00 €	76,50 €
6	Francisco	León	C	400,00 €	51,00 €
7	Ana	Zamora	C	900,00 €	114,75 €
8	Carla	Salamanca	A	300,00 €	38,25 €
9	Samuel	Zamora	B	700,00 €	89,25 €

a) Muy bien

b) Bien

c) Error #N/D

11. ¿Qué sucede si pulsamos CTRL+ la barra espaciadora con el rango B2:C4 seleccionado Excel 365?

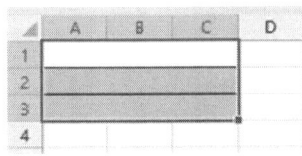

a) Se seleccionan las columnas B y C.

b) Se ocultan las columnas B y C.

c) Se ocultan las filas 2 y 4.

12. ¿Cuál de estas opciones NO se pueden utilizar en el cuadro "Pegado especial" de Excel 365?

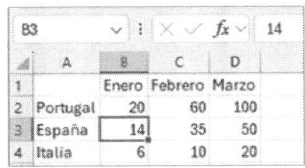

a) Validación de datos.
b) Ancho de columnas.
c) Estilos.

13. ¿Cuál de las siguientes afirmaciones es correcta en Excel 365?

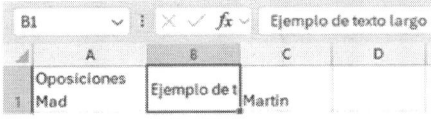

a) Si introducimos en A1 el valor 1.234,56 se guardará como un texto. El punto no lo toma como parte de un número.
b) Si introducimos en A1 el valor 1 1/2 se guardará el valor 1,5 y se mostrará en la celda el valor 1,5.
c) Si introducimos en A1 el valor 1 E 2 se guardará el valor numérico 100 y se mostrará en formato científico 1,00E+02

14. ¿Cuál de las siguientes afirmaciones es correcta en Excel 365?

a) Si pulsamos la tecla INTRO, colocados sobre la celda A1, la celda B1 pasará a ser la celda activa.
b) Si pulsamos la tecla TABULADOR, colocados sobre la celda A1, la celda B1 pasará a ser la celda activa.
c) Si pulsamos la combinación de teclas MAYUSC+ TABULADOR, colocados sobre la celda A2, la celda A1 pasará a ser la celda activa.

15. ¿Cuál de las siguientes afirmaciones es correcta teniendo en cuenta este ejemplo?

a) Las celdas A1 y B1 pueden tener marcada la opción "Ajustar texto".
b) La celda B1 tiene marcada la opción "Reducir hasta ajustar"
c) Las celdas A1 y C1 pueden tener marcada la opción "Ajustar texto".

16. Si en la ceda A1 escribimos el valor 19876,5432 y le aplicamos a la celda A1 un formato personalizado de número #.### ¿Qué mostrará la celda A1 en Excel 365?

a) 9.876
b) 19.877
c) 19,876

17. ¿Cuál de estas afirmaciones es correcta respecto al cuadro "Formato de celdas" en Excel 365?

a) En los efectos de fuente podemos marcar el efecto "Versalitas" para el texto de la celda activa.
b) Si aplicamos un formato de número general podemos elegir el número de decimales a mostrar.
c) Si aplicamos un formato de número científico podemos elegir el número de decimales a mostrar.

18. Si en la ceda A1 escribimos el valor 05/09 y le aplicamos a la celda A1 un formato personalizado de número aa-mmmm-d. ¿Qué mostrará la celda A1 en Excel 365?

a) 2025-septiembre-05
b) 25-9999-5.
c) 25-septiembre-5

19. ¿Qué sucede si posicionados en la celda activa de este ejemplo dejamos pulsada la tecla MAYUSCULAS y sin soltarla pulsamos primero pulsamos la combinación de teclas CTRL + flecha de dirección derecha y a continuación pulsamos la combinación CTRL + flecha de dirección abajo?

a) La celda activa pasa a ser C4.
b) Se selecciona el rango B3:D4.
c) Se selecciona el rango B3:C4.

20. Si tenemos inicialmente seleccionado el rango A1:C3 ¿Qué botón se ha pulsado en este ejemplo?

a) Combinar y centrar.
b) Separar celdas.
c) Combinar horizontalmente.

21. ¿Qué acción puede suceder si pulsamos CTRL+ la tecla menos (-) con el rango B2:C4 seleccionado Excel 365?

a) Eliminar únicamente la fila 2, ya que es la que está más arriba en el rango.
b) Desplazar las celdas hacia la derecha.
c) Desplazar las celdas hacia arriba.

22. ¿Qué acción se puede elegir desde el botón "Formato" de la cinta Inicio, en el grupo "Celdas" en Excel 365?

a) Eliminar una hoja.
b) Insertar una celda.
c) Ocultar el libro de trabajo.

23. ¿Qué acción realiza la combinación MAYUSC+F11 en Excel 365?

a) Crea un nuevo gráfico predeterminado como objeto en la hoja activa.
b) Inserta una hoja de macro a la derecha de la hoja activa.
c) Inserta una hoja de cálculo a la izquierda de la hoja activa.

24. ¿Qué afirmación es correcta respecto al ajuste de escala de Excel 365?

a) Se puede indicar el ajuste de escala desde el grupo "Organizar" de la cinta "Disposición de página"
b) Una hoja de cálculo puede reducirse hasta un 10% de su tamaño normal, o ampliarse hasta un 400%.
c) Una hoja de cálculo puede reducirse hasta un 200% de su tamaño normal, o ampliarse hasta un 500%.

25. ¿Cuál de estas opciones se pueden insertar en el encabezado de una hoja de Excel 365, desde la cinta "Encabezado y pie de página" en el grupo "Elementos del encabezado y pie de página"?

a) Comentarios y notas.
b) Una imagen de fondo que se repetirá por detrás de la hoja.
c) Ruta de acceso al archivo.

26. ¿Cuál de estas afirmaciones es correcta respecto a la ficha "Hoja" del cuadro de diálogo "Configurar página" de Excel 365?

a) En la sección "Imprimir" podemos elegir que los comentarios se muestren como en la hoja.
b) Si en el cuadro "Repetir filas en el extremo superior" escribimos $1:$3 se mostrarán siempre si vemos la hoja en la vista normal y se imprimirán siempre las filas 1,2 y 3 aunque nos movamos a otras páginas.
c) Se puede elegir que las celdas que contengan errores se muestren con un espacio en blanco, como dos guiones o con el código #N/D.

27. ¿Qué sucede si, teniendo la celda activa en B3, desde la cinta "Disposición de página", grupo "Configurar página" pulsamos el botón Saltos > Insertar salto de página?

a) Inserta dos saltos de página. Uno entre la fila 2 y la 3 y otro entre la columna B y la C.
b) Inserta un único salto de página entre la fila 1 y la 2.
c) Inserta dos saltos de página. Uno entre la fila 2 y la 3 y otro entre la columna A y la B.

28. Si en la celda A1 tenemos el valor 25,54 €, ¿qué valor devuelve la celda A2 si en la celda A2 insertamos la fórmula =REDONDEAR(D2;0)&-&TRUNCAR(D2;1)?

a) 25-25
b) 25-25,5
c) 26-25,5

29. Si en la celda A1 tenemos el valor 81, ¿qué valor devuelve la celda A2 si en la celda A2 insertamos la fórmula =RESIDUO(RAIZ(A1);POTENCIA(2;3))?

a) 0
b) 1
c) 2

30. Si en la celda A1 tenemos el valor "Garcia Garrido Melgar", ¿qué valor devuelve la celda A2 si en la celda A2 insertamos la fórmula =SUSTITUIR(A1;Gar;PI)?

a) PIcia PIrido MelPI
b) PIcia PIrido Melgar
c) Garcia Garrido Melgar

31. Si en la celda A1 tenemos el valor "Federico Garcia Lorca", ¿qué valor devuelve la celda A2 si en la celda A2 insertamos la fórmula =EXTRAE(DERECHA(A1;12);4;3)?

a) Gar
b) arci
c) cia

32. Si en la celda A1 tenemos el valor "Juan Gil", ¿qué sucede si en la celda A2 insertamos la fórmula =DIVIDIRTEXTO(A1;)?

a) La celda A2 tendrá el valor J, la celda A3 el valor u, la celda A4 tendrá el valor a y la celda A5 tendrá el valor n.
b) La celda A2 tendrá el valor Juan y la celda A3 el valor Gil.
c) La celda A2 tendrá el valor Juan Gil.

33. Si en la celda A1 tenemos el valor 100, ¿qué valor devuelve la celda A2 si en la celda A2 insertamos la fórmula =SI(NO(A1<=100);A)?

a) FALSO
b) A
c) B

34. Si en la celda A1 tenemos el valor 100 y en la celda B1 tenemos el valor 20, ¿qué valor devuelve la celda A2 si en la celda A2 insertamos la fórmula =SI(O(A1<B1;B1>=A1);A;B)?

a) FALSO
b) A
c) B

35. Si en la celda A1 tenemos el valor 100 y en la celda A2 tenemos el valor 20, ¿qué valor devuelve la celda A3 si en la celda A3 insertamos la fórmula =SI. CONJUNTO(A1<100;A;B1>20;B;C)?

a) A
b) B
c) Error en la función. Faltan argumentos en la función.

36. A la vista de estos datos, ¿qué valor devolverá la celda G1 si insertamos la fórmula =SI.ERROR(BUSCARV(Martín;A2:B9;2;0);A1)?

a) Martin
b) Salamanca
c) Nombre

37. Con los datos de este ejemplo, en la celda D1 tenemos la fórmula =$A1+$A$2+50. Si copiamos la celda D1 y la pegamos en la celda D2. ¿Qué valor devolverá la celda D2?

a) 250,00 €
b) 350,00 €
c) 650,00 €

38. Si en la celda A1 tenemos la fórmula =10/5. ¿Cuál de estas afirmaciones es correcta respecto a la función =FORMULATEXTO(A1) que escribiremos en la celda A2?

a) La celda A2 da como resultado el valor =10/5 que se muestra como un texto.
b) Si borramos el contenido de la celda A1 la celda A2 no mostrará ningún error.
c) La celda A2 da como resultado el valor 2 pero con formato de texto.

39. Tenemos seleccionada la celda A1 de la hoja Enero del libro IVA y la copiamos. Si a continuación, vamos a otro libro llamado RESUMEN y en la celda A1 de la hoja Hoja1 de ese libro pulsamos el botón de la cinta Inicio > Pegar > Pegar vínculo. ¿Qué aparecerá en la celda A1 de la Hoja1 del libro RESUMEN?

a) =[IVA.XLSX]ENERO!$A$1
b) =[ENERO]IVA!$A$1
c) =ENERO-IVA!$A$1

40. Cuando trabajamos con un gráfico de Excel 365, ¿a qué nos referimos cuando hablamos de "marcas de graduación"?

a) Rango de valores representado.
b) Divisiones gráficas de los ejes.
c) Texto asociado a un punto de datos para indicar su valor específico.

41. ¿Cómo podemos cambiar el origen de datos de un gráfico en Excel 365?

a) Desde la cinta "Diseño de gráfico" > grupo "Tipo" > "Seleccionar datos"
b) Desde la cinta "Diseño de gráfico" > grupo "Datos" > "Seleccionar datos"
c) Desde la cinta "Formato" > grupo "Organizar" > "Seleccionar datos"

42. ¿Cómo se denomina en Excel 365 a un tipo de gráfico que muestra el valor de determinados elementos en relación con un punto central?

a) Cascada.
b) Embudo.
c) Radial.

43. Si creamos una tabla, a la que llamamos MiTabla con los datos del rango A1:D4 ¿Qué afirmación es correcta?

a) Si en la celda E2 escribimos el signo igual (=) y hacemos clic en D2 aparecerá =Mitabla!D2
b) Si pulsamos la tecla TABULADOR colocados sobre la celda D4 se creará una nueva fila para la tabla con el mismo formato y por tanto la tabla se ampliará automáticamente
c) Aparecen flechas en la primera fila de la tabla que indican que se en esas celdas se pueden aplicar validación de datos de tipo lista.

44. ¿Qué afirmación es correcta con respecto a la opción "Formulario" que aparece en la cinta "Insertar" en Excel 365?

a) Aparece vinculado con cualquier cuenta de Microsoft y permite insertar controles de formulario junto a las celdas de nuestra hoja.
b) Para poder usarla el libro debe tener el autoguardado activado para usar la aplicación Microsoft Forms, que es donde se diseñará el formulario.
c) Podemos guardar el libro que contenga la hoja donde vamos a diseñar el formulario insertado en el escritorio de nuestro equipo.

45. ¿Cuál de las siguientes opciones se puede elegir cuando comprobamos la accesibilidad desde la cinta "Revisar" en el grupo "Accesibilidad"?

a) Uso intensivo de formatos condicionales.
b) Fórmulas complejas o excesivamente largas.
c) Texto alternativo.

46. ¿Por cuál de los siguientes motivos el botón "Control de cambios" de la cinta "Revisar" puede estar desactivado?

a) La hoja de cálculo no se ha protegido con contraseña.
b) Alguno de las celdas del libro está bloqueada.
c) El libro no está guardado en Onedrive o en SharePoint.

47. Si tenemos un libro de trabajo que vamos a usar frecuentemente. ¿Cuál de estas afirmaciones es correcta para crear una nueva plantilla en Excel 365 a partir de ese libro?

a) Cinta "Archivo" > "Guardar Como". Podemos llamar a la plantilla FRECUENTES.XLSP
b) Cinta "Archivo" > "Guardar Como plantilla". Podemos llamar a la plantilla FRECUEN-TES.XLSX
c) Cinta "Archivo" > "Guardar Como". Podemos llamar a la plantilla FRECUENTES.XLST

48. ¿Dónde podemos establecer una contraseña de apertura en Excel 365?

a) Cinta "Archivo" > "Información" > Cifrar con contraseña
b) Cinta "Revisar" > "Proteger" > Cifrar con contraseña
c) Cinta "Archivo" > "Opciones" > "General" > Cifrar con contraseña

49. ¿Cuál de estas opciones se puede mostrar desde la cinta "Vista" en el grupo "Mostrar" de Excel 365?

a) Panel de selección.
b) Cinta de opciones.
c) Celda de enfoque.

50. ¿Qué acción realiza la combinación de teclas ALT+F10 en Excel 365?

a) Muestra el panel de selección.
b) Muestra el cuadro de diálogo "Abrir".
c) Muestra el cuadro de diálogo "Crear nombres a partir de selección".

51. ¿Qué combinación de teclas muestra las celdas seleccionadas con formato número con dos posiciones decimales Excel 365?

a) CTRL+ MAYÚS + !
b) CTRL+ MAYÚS + /
c) CTRL+ MAYÚS + %

52. ¿Cuál de las siguientes es un nombre de vista en Excel 365?

a) Vista diseño de impresión.
b) Vista diseño de página.
c) Vista preliminar.

53. Si en la celda A1 tenemos al función =NOD() y en la celda A2 escribimos la fórmula =ESERR(A1), ¿qué valor tendremos en A2?

a) VERDADERO
b) 71
c) FALSO

54. Sí, sin ningún libro abierto, abrimos el libro CARRERA.XLSX, y a continuación pulsamos el botón Nueva ventana de la cinta Vista, y a continuación pulsamos el botón Organizar todo de la cinta Vista, ¿cuál de las siguientes respuestas es correcta?

a) Se mostrarán en paralelo, en horizontal las dos ventanas del libro, CARRERA.XLSX-1 y CARRERA.XLSX-2.

b) Colocará en cascada las dos ventanas del libro, CARRERA.XLSX-1 y CARRERA.XLSX-2.

c) Aparecerá un cuadro de diálogo donde podemos elegir entre mosaico, horizontal, vertical o cascada para mostrar las dos ventanas de nuestro libro, CARRERA.XLSX-1 y CA-RRERA.XLSX-2.

55. ¿Qué sucede al pulsar el botón Vista > Ventana > Ocultar colocados en la celda B2 de la Hoja3 del libro Vega.xlsx?

a) Se ocultará la fila 2 y la columna B.

b) Se ocultará la hoja Hoja3.

c) Se ocultará el libro Vega.xlsx.

56. Queremos crear el rango A1:A5 de una hoja desbloqueado con la contraseña "RD". ¿Desde dónde podemos crear ese nuevo rango de celdas desbloqueado con esa contraseña que se aplica solo a las celdas de ese rango?

a) Cinta Revisar > grupo Cambios.

b) Cinta Revisar > grupo Proteger.

c) Cinta Revisar > grupo Seguimiento.

57. ¿Qué afirmación es correcta respecto a los comentarios y las notas en Excel 365?

a) Los comentarios y las notas en Excel 365 por defecto se imprimen como se ven en la hoja.

b) Se puede elegir que los comentarios y notas se impriman en una página nueva o en la parte derecha de las páginas.

c) Los comentarios y las notas en Excel 365 por defecto no se imprimen.

58. ¿Qué sucede al pulsar ALT+clic sobre una celda en Excel 365?

a) Muestra el panel de referencia donde podemos ver el diccionario, sinónimos o la traducción del texto de la celda.

b) Enlaza con el hipervínculo que tengamos creado en la celda.

c) Crea un saldo de línea en la celda a la altura de donde tengamos colocado el punto de inserción.

59. ¿Por cuál de las siguientes opciones se pueden filtrar los datos en un campo numérico?

a) Por las celdas cuyo valor sea superior al promedio de todos los datos.
b) Por las celdas que comiencen por un 1.
c) Por las celdas que terminen en el valor 10.

60. ¿Por cuál de las siguientes opciones se puede filtrar los datos en un campo de texto?

a) Por las celdas que sean inferiores al promedio.
b) Podemos usar un filtro personalizado, por ejemplo, E* que mostrará todos los datos que contengan la E.
c) Por las celdas que a la vez comiencen por una letra y además acaben por otra distinta.

Solución al test n.º 11

1. b) A cualquier nombre definido en nuestro libro.

2. c) Al insertar una nota en una celda aparece un triángulo rojo en la esquina superior derecha de la celda. Las notas se pueden imprimir como aparecen en la hoja o en una nueva página al final de la hoja.

3. c) Error #¿NOMBRE?

4. b) 114,75

5. b) Alba

6. c) Error #N/D

7. a) Ávila

8. c) Error #N/D

9. a) 600

10. c) Error #N/D

11. a) Se seleccionan las columnas B y C.

12. c) Estilos.

13. c) Si introducimos en A1 el valor 1 E 2 se guardará el valor numérico 100 y se mostrará en formato científico 1,00E+02

14. b) Si pulsamos la tecla TABULADOR, colocados sobre la celda A1, la celda B1 pasará a ser la celda activa

15. c) Las celdas A1 y C1 pueden tener marcada la opción "Ajustar texto".

16. b) 19.877

17. c) Si aplicamos un formato de número científico podemos elegir el número de decimales a mostrar.

18. c) 25-septiembre-5

19. b) Se selecciona el rango B3:D4.

20. c) Combinar horizontalmente.

21. c) Desplazar las celdas hacia arriba.

22. c) Ocultar el libro de trabajo.

23. c) Inserta una hoja de cálculo a la izquierda de la hoja activa.

24. b) Una hoja de cálculo puede reducirse hasta un 10% de su tamaño normal, o ampliarse hasta un 400%.

25. c) Ruta de acceso al archivo.

26. c) Se puede elegir que las celdas que contengan errores se muestren con un espacio en blanco, como dos guiones o con el código #N/D.

27. c) Inserta dos saltos de página. Uno entre la fila 2 y la 3 y otro entre la columna A y la B.

28. c) 26-25,5

29. b) 1

30. b) PIcia PIrido Melgar

31. c) cia

32. b) La celda A2 tendrá el valor Juan y la celda A3 el valor Gil.

33. a) FALSO

34. c) B

35. c) Error en la función. Faltan argumentos en la función.

36. c) Nombre

37. a) 250,00 €

38. a) La celda A2 da como resultado el valor =10/5 que se muestra como un texto.

39. a) =[IVA.XLSX]ENERO!$A$1

40. b) Divisiones gráficas de los ejes.

41. b) Desde la cinta "Diseño de gráfico" > grupo "Datos" > "Seleccionar datos"

42. c) Radial.

43. b) Si pulsamos la tecla TABULADOR colocados sobre la celda D4 se creará una nueva fila para la tabla con el mismo formato y por tanto la tabla se ampliará automáticamente.

44. b) Para poder usarla el libro debe tener el autoguardado activado para usar la aplicación Microsoft Forms, que es donde se diseñará el formulario.

45. c) Texto alternativo.

46. c) El libro no está guardado en Onedrive o en SharePoint.

47. c) Cinta "Archivo" > "Guardar Como". Podemos llamar a la plantilla FRECUENTES.XLST

48. a) Cinta "Archivo" > "Información" > Cifrar con contraseña

49. c) Celda de enfoque

50. a) Muestra el panel de selección.

51. a) CTRL+ MAYÚS + !

52. b) Vista diseño de página.

53. c) FALSO

54. c) Aparecerá un cuadro de diálogo donde podemos elegir entre mosaico, horizontal, vertical o cascada para mostrar las dos ventanas de nuestro libro, CARRERA.XLSX-1 y CARRERA.XLSX-2.

55. c) Se ocultará el libro Vega.xlsx.

56. b) Cinta Revisar > grupo Proteger.

57. c) Los comentarios y las notas en Excel 365 por defecto no se imprimen.

58. a) Muestra el panel de referencia donde podemos ver el diccionario, sinónimos o la traducción del texto de la celda.

59. a) Por las celdas cuyo valor sea superior al promedio de todos los datos.

60. c) Por las celdas que a la vez comiencen por una letra y además acaben por otra distinta.

TEST N.º 12

Correo electrónico: conceptos elementales y funcionamiento. El entorno de trabajo. Enviar, recibir, responder y reenviar mensajes. Creación de mensajes. Reglas de mensaje. Libreta de direcciones

1. ¿Qué indica este botón **en Outlook 365 y donde podemos verlo?**

a) Responder a un mensaje. Lo vemos en la pestaña Inicio > Responder.
b) Responder a todos. Lo vemos en la pestaña Inicio > Responder.
c) Respuestas automáticas. Lo vemos en la pestaña Archivo > Información.

2. ¿Qué afirmación es correcta en relación con una dirección de correo electrónico?

a) La longitud de una dirección de correo puede ir de 6 a 254 caracteres.
b) Lo que aparece a la izquierda de la arroba (@) en una dirección de correo electrónico es el nombre del dominio.
c) Para acceder a un correo electrónico gratuito es obligatorio utilizar un programa como Outlook 365.

3. ¿Cómo se denomina el protocolo que se encarga de enviar correos desde el cliente hacia Internet?

a) SMTP
b) IMAP
c) SEND

4. ¿Cuál de las siguientes direcciones de correo es correcta?

a) martin..garcia@mad.es
b) martin#mad.es
c) martin_garcia@mad.es

5. Un "hoax" es algo que afecta a la seguridad de un sistema, ¿a qué nos referimos con ese término?

a) Suplantación de identidad.
b) Cifrado de archivos, hasta que la víctima paga una suma al atacante.
c) Bulo o noticia falsa, para hacer creer en la red que algo falso es real.

6. ¿Cómo podemos crear una nueva cuenta de correo en Outlook 365?

a) Desde la pestaña Insertar, pulsando en Nuevo Correo.
b) Desde la pestaña Archivo, pulsando en información, desde el botón "Agregar cuenta".
c) Desde la pestaña "Enviar y recibir", pulsando en Nuevo Correo.

7. ¿Qué afirmación es correcta respecto a la "Bandeja de entrada Prioritarios" en Outlook 365?

a) Divide la bandeja de entrada de Outlook 365 en una bandeja de entrada llamada "Normal" y en la bandeja "Otros".
b) Se puede activar desde la pestaña "Enviar y Recibir" en el grupo "Prioritarios".
c) Esta bandeja solo está activa si el Outlook, está conectado a un servidor Exchange.

8. Si tenemos dos correos seleccionados en una carpeta llamada MAD y desde la configuración de la ventana "Imprimir" de Outlook 365 elegimos imprimirlos como "Memorando". ¿Qué imprimirá?

a) Una lista de todos los correos de la carpeta MAD.
b) Solo imprimirá el primer correo seleccionado.
c) Imprime los dos correos seleccionados.

9. Si en la caja de búsqueda de Outlook 365 escribimos "mad" (con las comillas). ¿Qué elementos se mostrarán?

a) Los elementos que contengan madera o MADRID, o cualquier otra combinación de letras en mayúsculas y minúsculas.
b) Únicamente los elementos cuyo origen de correo sea un correo de dominio mad.
c) Los elementos que contengan la frase exacta "mad" y no las variaciones, como "madera" o "Madrid".

10. Si tenemos dos correos seleccionados. ¿Qué sucederá si, desde la pestaña Inicio > Eliminar elegimos la opción "Limpiar"?

a) Envía los correos y los futuros correos del mismo remitente de los correos seleccionados a la carpeta de elementos eliminados.
b) Quita los mensajes redundantes de las conversaciones seleccionadas.
c) Elimina los correos seleccionados.

11. ¿Dónde podemos solicitar una usar botones de voto o retrasar el envío de un mensaje que estamos redactando en Outlook 365?

a) Pestaña Insertar > Opciones.
b) Pestaña Opciones > Seguimiento.
c) Pestaña Opciones > Mas opciones.

12. Si queremos eliminar un mensaje enviado por error desde Outlook 365. ¿Cuál de estas afirmaciones es correcta?

a) Se puede eliminar, aunque el destinatario no tenga una cuenta de Exchange.
b) Se puede eliminar, aunque el destinatario haya abierto el mensaje.
c) Se pueden eliminar, abriendo el correo desde la bandeja de "Elementos enviados", desde la pestaña "Mensaje", pulsando en Acciones >Recuperar este mensaje.

13. ¿Cuál de las siguientes afirmaciones es correcta respecto a los destinatarios de un correo en Outlook 365?

a) El campo "Para" permite identificar al destinatario directo del mensaje. Debe ser único.
b) Los destinatarios del campo "Para" y el campo "CC" pueden responderse entre ellos por todos los interlocutores.
c) El campo "CCO" permite identificar las personas a las que queremos notificar el mensaje de forma oculta. Sus direcciones serán ocultas para todos los destinatarios, excepto para los que pongamos en el campo "Para".

14. El usuario a@mad.es <mailto:a@mad.es> envía un correo y coloca en el campo "Para:" a b@mad.es <mailto:b@mad.es>. Además, en el campo CC lo envía a c@mad.es <mailto:c@mad.es> y en el campo CCO lo envía a d@mad.es <mailto:d@mad.es> y a e@mad.es <mailto:e@mad.es> ¿Qué afirmación es correcta?

a) Si lo recibe d@mad.es y le da a "Responder a todos", la respuesta le llega, entre otros a d@mad.es .
b) Si lo recibe d@mad.es <mailto:d@mad.es> y le da a "Responder a todos", la respuesta le llega, entre otros a c@mad.es <mailto:c@mad.es>.
c) Si lo recibe b@mad.es y le da a "Responder a todos", la respuesta le llega, entre otros a d@mad.es .

15. ¿Qué sucede si recibimos un correo del usuario z@mad.es <mailto:z@mad.es>, con dos archivos adjuntos, con el asunto "Reunión" y pulsamos CRTL+R en Outlook 365?

a) Aparece un nuevo correo con el asunto "RV: Reunión" y con los dos adjuntos. Debemos indicar a quien lo mandamos.
b) Aparece un nuevo correo con el asunto "RE: Reunión" y con los dos adjuntos. Debemos indicar a quien lo mandamos.
c) Aparece un nuevo correo con el asunto "RE: Reunión" sin los adjuntos. Nos propone que el correo se le mande a z@mad.es <mailto:z@mad.es>.

16. ¿Qué sucede si estamos colocados en el calendario de Outlook 365 y pulsamos CTRL+MAYS+M?

a) Se crea una nueva cita.
b) Se crea un nuevo grupo de contactos.
c) Se crea un nuevo correo.

17. ¿Qué sucede si recibimos un correo de a@mad.es <mailto:a@mad.es>, con dos archivos adjuntos, con el asunto "Padel a las 10" y pulsamos CRTL+F en Outlook 365?

a) Aparece un nuevo correo con el asunto "RV: Padel a las 10" y con los dos adjuntos. Debemos indicar a quien lo mandamos.
b) Aparece un nuevo correo con el asunto "RE: Padel a las 10" y con los dos adjuntos. Debemos indicar a quien lo mandamos.
c) Aparece un nuevo correo con el asunto "RV: Padel a las 10" sin los adjuntos. Debemos indicar a quien lo mandamos.

18. ¿Que sucede si pulsamos la combinación CTRL+MAYÚS+P en Outlook 365?

a) Crea una carpeta de contactos.
b) Crea una nueva bandeja.
c) Crea una carpeta de búsqueda.

19. ¿Qué afirmación es correcta relacionada con las conversaciones de Outlook 365?

a) Si marcamos la opción "Mostrar mensajes en conversaciones" se marcará para todas las carpetas y buzones.
b) Podemos marcar la opción "Mostrar mensajes en conversaciones" desde la cinta Ver > Organización.
c) Si marcamos la opción "Mostrar mensajes en conversaciones" nos dará a elegir si se aplica solo a la carpeta donde estamos colocados o si se aplica a todas las carpetas y buzones.

20. ¿Desde dónde se pueden gestionar las reglas de mensaje en Outlook 365?

a) Pestaña Insertar > Nuevo > Regla de mensaje.
b) Pestaña Enviar y recibir > Nuevo > Regla de mensaje
c) Pestaña Inicio > Mover > Reglas

21. ¿Cuál de estas plantillas aparece al crear una nueva regla de mensaje desde el asistente?

a) Mantenerse actualizado.
b) Eliminar mensajes
c) Mantenerse protegido

22. ¿Dónde se puede elegir que se archiven manualmente los mensajes en Outlook 365?

a) Pestaña Archivo > Herramientas > Limpiar elementos antiguos.
b) Pestaña Archivo > Herramientas > Limpieza del buzón > Autoarchivar.
c) Pestaña Archivo > Herramientas > Limpieza del buzón > Limpiar.

23. ¿Cuál de las siguientes afirmaciones es correcta respecto al autoarchivado de Outlook 365?

a) Se puede personalizar desde la pestaña Archivo > Herramientas > Autoarchivar.
b) No se puede elegir el nombre del archivo donde se guardarán los mensajes autoarchivados.
c) Se puede personalizar desde la pestaña Archivo > Opciones > Avanzadas > Autoarchivar.

24. ¿En qué formato de Outlook se almacenan los correos archivados en Outlook 365?

a) Formato PST .
b) Formato MSG .
c) Formato HTML.

25. ¿Qué carpetas de contactos aparecen por defecto en el panel de navegación de Outlook 365?

a) Solo la carpeta "Contactos"
b) Aparece la carpeta "Contactos" y la carpeta "Contactos Favoritos"
c) Aparece la carpeta "Contactos" y la carpeta "Contactos Sugeridos"

26. ¿Cómo se puede combinar correspondencia en Outlook 365?

a) Desde el botón "Combinar Correspondencia" en la pestaña Inicio > Acciones con varios contactos seleccionados.
b) Desde el botón "Combinar Correspondencia" en la pestaña "Enviar y recibir" con varios contactos seleccionados.
c) Desde el botón "Combinar Correspondencia" en la pestaña Insertar con varios correos seleccionados.

27. ¿Qué combinación de teclas permite mostrar la libreta de direcciones de Outlook 365?

a) CTRL+MAYUSC+B
b) CTRL+MAYUSC+C
c) CTRL+MAYUSC+F

28. Al combinar correspondencia, en el cuadro "Contactos para combinar correspondencia". ¿Cuál de los siguientes tipos de documento no podemos elegir?

a) Sobres.
b) Catálogo.
c) Plantillas.

29. ¿Dónde podemos crear un delegado en Outlook 365?

a) Pestaña Archivo > Configuración de la cuenta > Delegar acceso.
b) Pestaña Inicio > Nuevo > Delegar acceso.
c) Pestaña Enviar y recibir > Configuración > Delegar acceso.

30. ¿Qué puede hacer un usuario al que se le ha aplicado permiso de "Colaborador" en una carpeta?

a) Leer.
b) Crear citas y correo.
c) Modificar un correo.

31. ¿Que permisos tiene por defecto un delegado en Outlook 365?

a) Leer los correos de la bandeja de entrada, pero no responderlos.
b) Leer sus convocatorias de reunión y respuestas.
c) Ver citas de calendario y notas.

32. ¿Cómo se denomina el permiso de un delegado en Outlook 365 que puede leer correos y eliminarlos?

a) Revisor
b) Autor
c) Editor

33. ¿Dónde podemos indicar que se cifren todos los mensajes salientes en Outlook 365?

a) Al crear un nuevo correo, desde la pestaña Opciones > Seguimiento. Al cifrar un correo, por defecto se cifrarán todos los demás que se envíen.
b) Desde la pestaña Archivo > Opciones, en la "Seguridad del correo electrónico" del "Centro de Confianza.
c) Al crear un nuevo correo, desde la pestaña Opciones > Mas Opciones > Seguridad. Al cifrar un correo, por defecto se cifrarán todos los demás que se envíen.

34. ¿Cuál de las siguientes afirmaciones es correcta respecto al cifrado en Outlook 365?

a) Outlook 365 usa el tipo de cifrado C-MEME
b) Solo el destinatario que tenga la clave pública que coincida con el clave privada usada para cifrar el mensaje puede descifrar el mensaje para su lectura
c) Los certificados se configuran en la pestaña Archivo de Outlook 365, desde la configuración del centro de confianza.

35. ¿Cuál de estos pasos debería realizar correctamente el "Administrador del sistema" de una organización?

a) Se deben crear usuarios independientemente de las necesidades de la organización.
b) Cada usuario solo podrá ver la información que le sea necesaria y le quedará oculta aquella a la que no deba acceder.
c) Asignar permisos a toda la organización. Todos los usuarios deben tener siempre los mismos permisos.

36. ¿Cuál de las siguientes se corresponde con la definición de "Confidencialidad"?

a) Los datos solo deben ser conocidos por el emisor y el receptor al que van dirigidos
b) La información se debe mantener inalterada ante accidentes o intentos maliciosos
c) Un usuario no puede negar ser el emisor de la información que envía.

37. ¿Cómo se denomina a un elemento que puede ser hardware o software que impide la entrada de intrusos en la red interna de la organización?

a) Antivirus.
b) Firewall.
c) Switch.

38. ¿Qué sucede si estamos viendo un calendario organizado en meses y pulsamos ALT+2?

a) Se muestran 2 días en el calendario.
b) Se muestran solo dos meses en el calendario.
c) Se muestran solo dos semanas en el calendario.

39. ¿En cuál de estas formas se puede elegir mostrar el calendario, desde la pestaña "Inicio > Organizar" en la ventana calendario de Outlook 365?

a) Semana laboral
b) Quincenal
c) Anual

40. Al invitar a un asistente en una cita de Outlook creamos una reunión ¿Cuál de las siguientes opciones se puede elegir en el grupo "Asistentes" de la pestaña Invitación?

a) Clasificar la reunión en categorías.

b) Periodicidad. Permite programar la reunión para que se produzca periódicamente.

c) Opciones para solicita respuestas.

41. Si el usuario a@mad.es <mailto:a@mad.es> envía una cita e invita al usuario b@md.es <mailto:b@md.es> ¿Qué afirmación es correcta?

a) El usuario a@mad.es recibe en su bandeja de entrada un correo con el asunto de la cita.

b) Al compartir un calendario tanto si se muestra una cita propia como si es una cita enviada, al pulsar con el botón derecho sobre la cita aparecen opciones para "Aceptar" o "Rechazar"

c) Se puede crear una nueva cita haciendo doble clic sobre la franja horaria del día deseado en el calendario.

42. Si queremos enviar un calendario a otro usuario de nuestra organización, desde un nuevo correo en Outlook 365 ¿Qué afirmación es correcta?

a) Desde un nuevo correo pulsamos el botón "Insertar Calendario". Podemos elegir que calendario enviar, el rango de fechas del calendario a enviar y el nivel de detalle que se va a enviar. También podemos elegir que detalles vamos a compartir.

b) Desde un nuevo correo pulsamos el botón "Insertar Calendario". Podemos elegir que calendario enviar. Podemos elegir si el calendario se va a poder modificar o solo editar. Siempre se mostrarán los detalles completos del calendario.

c) Desde un nuevo correo pulsamos el botón "Enviar Calendario adjunto". Podemos elegir que calendario enviar. Podemos elegir si el calendario se va a poder modificar o solo editar.

43. ¿Qué pasos a seguir son correctos si queremos compartir uno de nuestros calendarios con Outlook 365?

a) Pulsamos el botón "Compartir calendario", elegimos el calendario a compartir, agregamos las personas con quien los vamos a compartir. Podemos darle permiso de editarlo o solo verlo

b) Pulsamos el botón "Mostrar calendario", elegimos el calendario a compartir. El calendario se compartirá automáticamente con toda la organización.

c) Pulsamos el botón "Compartir calendario", elegimos el calendario a compartir, agregamos las personas con quien los vamos a compartir. Podemos darle permiso de "Lectura" o de "Escritura" o de "Acceso total".

44. ¿Cómo se denomina la aplicación externa a Outlook 365, que sirve para gestionar, organizar y realizar un seguimiento de tus tareas pendientes, y que está integrada con Outlook 365?

a) Sharepoint
b) Onedrive
c) To Do

45. Si el usuario juan@mad.es <mailto:juan@mad.es> asigna una nueva tarea al usuario ana@mad.es <mailto:ana@mad.es> ¿Qué afirmación es correcta?

a) Aparecerá en la bandeja de entrada de juan@mad.es con opciones para Aceptarla o rechazarla.
b) Aparecerá en la bandeja de entrada de juan@mad.es y de ana@mad.es con opciones para Aceptarla o rechazarla.
c) Aparecerá en la bandeja de entrada de ana@mad.es <mailto:ana@mad.es> con opciones para Aceptarla o rechazarla.

46. Si queremos que se repita una nueva tarea que estamos creando cada semana todos los lunes y jueves ¿Qué debemos pulsar en la ventana de tareas de Outlook 365?

a) El botón "Periodicidad" que muestra el cuadro "Repetir tarea"
b) El botón "Asignar tarea" que muestra el cuadro "Periodicidad"
c) El botón "Repetir tarea" que muestra el cuadro "Asignar tarea"

47. ¿Qué combinación de teclas muestra el cuadro "Ir a la carpeta" en Outlook 365?

a) CTRL+A
b) CTRL+MAYUSC+E
c) CTRL+Y

48. ¿Qué cometido realizamos si pulsamos a teca F9 en la ventana de correo de Outlook 365?

a) Muestra la vista calendario
b) Iniciar el envío o la recepción para todos los grupos definidos
c) Muestra el cuadro "Guardar como" para almacenar un correo en el ordenador.

49. ¿Qué combinación de teclas permite mostrar la bandeja de salida de Outlook 365?

a) CTRL+MAYUSC+O
b) CTRL+MAYUSC+I
c) CTRL+MAYUSC+R

50. Si estamos escribiendo un nuevo correo en Outlook 365 y pulsamos la combinación MAYUSC+F3 ¿Qué acción se realizará?

a) Permite cambiar de mayúsculas a minúsculas y viceversa.
b) Muestra el cuadro "Buscar y reemplazar".
c) Centra el texto que escribimos.

51. ¿Qué combinación hemos pulsado para mostrar la libreta de direcciones en Outlook 365?

a) CTRL+MAYUSC+B
b) CTRL+MAYUSC+P
c) CTRL+MAYUSC+E

52. Di cuál es una dirección de correo válida en el Outlook 365:

a) persona@proveedorcom
b) persona.proveedor.com
c) cta@cts.es

53. La opción "Responder a todos":

a) Responde al remitente y a los usuarios de la lista de contactos seleccionados previamente.
b) Responde al remitente y al resto de usuarios incluidos en los campos "Para" y "CC" que estén en el mensaje.
c) Responde al remitente y solo a los usuarios del mensaje que estén en el CC.

54. ¿Cuál de estas opciones se puede ver desde la cinta Carpeta estando en la sección de tareas de Outlook 365?

a) Abrir las tareas compartidas de una persona.
b) Crear una carpeta de búsqueda.
c) Marcar todas las tareas de la carpeta como completadas.

55. ¿Cómo se denomina la aplicación de Microsoft para trabajar con tareas que nos sugiere Outlook 365 al acceder a la sección Tareas?

a) To Do.
b) Task.
c) Wots.

56. ¿Entre cuál de las siguientes vistas se pueden cambiar desde cinta Vista > Vista Actual estando situados en la sección "Tareas" de Outlook 365?

a) Compacta.
b) Vista previa.
c) Activas.

57. Al aplicar un seguimiento a un correo que nos envía pepe@amigos.com y recibimos el día 21 de Octubre se crea automáticamente una tarea. ¿Dónde podemos ver que se ha creado esa tarea?

a) En la barra de tareas pendientes en la sección Calendario vemos a la derecha una bandera al lado del día 21.

b) En la barra de tareas pendientes en la sección Personas vemos a la derecha una bandera al lado de pepe@amigos.com.

c) En la sección calendario, en la parte inferior del calendario si está organizado por días, semana o semana laboral.

58. ¿Qué debemos crear en Outlook 365 para que varios usuarios tengan una misma dirección de correo para las conversaciones y un espacio para archivos compartidos, y un calendario común, entre otras cosas?

a) Un grupo de contactos que se puede crear desde la sección Calendario.

b) Una libreta de direcciones que se puede crear desde la sección Personas.

c) Un grupo que se puede crear desde la sección Tareas.

59. Estando situados en la sección "Personas" de Outlook 365. ¿Qué opción de las siguientes es correcta al elegir los contactos para combinar correspondencia?

a) Se puede combinar correspondencia desde la cinta Inicio > Compartir > Combinar correspondencia.

b) En las opciones de combinación se puede elegir entre cartas modelo, etiquetas postales, sobres o catálogo.

c) Siempre se combinará con un nuevo documento de Word 365, nunca con un documento ya existente.

60. Qué sucede si pulsamos varias veces la combinación de teclas ALT+F1 estando colocados en la sección Personas en Outlook 365?

a) Se alterna el modo de ver el panel de carpetas entre minimizado, desactivado y normal.

b) Se minimiza la cinta de opciones.

c) Se muestra u oculta el panel de lectura.

Solución al test n.º 12

1. c) Respuestas automáticas. Lo vemos en la pestaña Archivo > Información.

2. a) La longitud de una dirección de correo puede ir de 6 a 254 caracteres.

3. a) SMTP

4. c) martin_garcia@mad.es

5. c) Bulo o noticia falsa, para hacer creer en la red que algo falso es real

6. b) Desde la pestaña Archivo, pulsando en información, desde el botón "Agregar cuenta".

7. c) Esta bandeja solo está activa si el Outlook, está conectado a un servidor Exchange.

8. c) Imprime los dos correos seleccionados.

9. c) Los elementos que contengan la frase exacta "mad" y no las variaciones, como "madera" o "Madrid".

10. b) Quita los mensajes redundantes de las conversaciones seleccionadas.

11. c) Pestaña Opciones > Mas opciones.

12. c) Se pueden eliminar, abriendo el correo desde la bandeja de "Elementos enviados", desde la pestaña "Mensaje", pulsando en Acciones >Recuperar este mensaje.

13. b) Los destinatarios del campo "Para" y el campo "CC" pueden responderse entre ellos por todos los interlocutores.

14. b) Si lo recibe d@mad.es <mailto:d@mad.es> y le da a "Responder a todos", la respuesta le llega, entre otros a c@mad.es <mailto:c@mad.es>.

15. c) Aparece un nuevo correo con el asunto "RE: Reunión" sin los adjuntos. Nos propone que el correo se le mande a z@mad.es <mailto:z@mad.es>.

16. c) Se crea un nuevo correo.

17. a) Aparece un nuevo correo con el asunto "RV: Padel a las 10" y con los dos adjuntos. Debemos indicar a quien lo mandamos.

18. c) Crea una carpeta de búsqueda.

19. c) Si marcamos la opción "Mostrar mensajes en conversaciones" nos dará a elegir si se aplica solo a la carpeta donde estamos colocados o si se aplica a todas las carpetas y buzones.

20. c) Pestaña Inicio > Mover > Reglas

21. a) Mantenerse actualizado.

22. a) Pestaña Archivo > Herramientas > Limpiar elementos antiguos.

23. c) Se puede personalizar desde la pestaña Archivo > Opciones > Avanzadas > Autoarchivar.

24. a) Formato PST .

25. c) Aparece la carpeta "Contactos" y la carpeta "Contactos Sugeridos"

26. a) Desde el botón "Combinar Correspondencia" en la pestaña Inicio > Acciones con varios contactos seleccionados.

27. a) CTRL+MAYUSC+B

28. c) Plantillas.

29. a) Pestaña Archivo > Configuración de la cuenta > Delegar acceso.

30. b) Crear citas y correo.

31. b) Leer sus convocatorias de reunión y respuestas.

32. c) Editor

33. b) Desde la pestaña Archivo > Opciones, en la "Seguridad del correo electrónico" del "Centro de Confianza

34. c) Los certificados se configuran en la pestaña Archivo de Outlook 365, desde la configuración del centro de confianza.

35. b) Cada usuario solo podrá ver la información que le sea necesaria y le quedará oculta aquella a la que no deba acceder.

36. a) Los datos solo deben ser conocidos por el emisor y el receptor al que van dirigidos

37. b) Firewall.

38. a) Se muestran 2 días en el calendario.

39. a) Semana laboral

40. c) Opciones para solicita respuestas.

41. c) Se puede crear una nueva cita haciendo doble clic sobre la franja horaria del día deseado en el calendario.

42. a) Desde un nuevo correo pulsamos el botón "Insertar Calendario". Podemos elegir que calendario enviar, el rango de fechas del calendario a enviar y el nivel de detalle que se va a enviar. También podemos elegir que detalles vamos a compartir.

43. a) Pulsamos el botón "Compartir calendario", elegimos el calendario a compartir, agregamos las personas con quien los vamos a compartir. Podemos darle permiso de editarlo o solo verlo

44. c) To Do

45. c) Aparecerá en la bandeja de entrada de ana@mad.es <mailto:ana@mad.es> con opciones para Aceptarla o rechazarla.

46. a) El botón "Periodicidad" que muestra el cuadro "Repetir tarea"

47. c) CTRL+Y

48. b) Iniciar el envío o la recepción para todos los grupos definidos

49. a) CTRL+MAYUSC+O

50. a) Permite cambiar de mayúsculas a minúsculas y viceversa

51. a) CTRL+MAYUSC+B

52. c) cta@cts.es

53. b) Responde al remitente y al resto de usuarios incluidos en los campos "Para" y "CC" que estén en el mensaje.

54. a) Abrir las tareas compartidas de una persona.

55. b) Task.

56. c) Activas.

57. c) En la sección calendario, en la parte inferior del calendario si está organizado por días, semana o semana laboral.

58. c) Un grupo que se puede crear desde la sección Tareas.

59. b) En las opciones de combinación se puede elegir entre cartas modelo, etiquetas postales, sobres o catálogo.

60. a) Se alterna el modo de ver el panel de carpetas entre minimizado, desactivado y normal.

TEST N.º 13

**La Red Internet: origen, evolución y estado actual.
Conceptos elementales sobre protocolos y servicios en Internet.
Funcionalidades básicas de los navegadores web**

1. El lugar donde se ofrecen páginas de Internet para ser consultadas se denomina:

a) Proxy.
b) Server.
c) Gateway.

2. Para ver el histórico de navegación en Edge, podemos hacer uso de la combinación de teclas:

a) Ctrl + Mayús + H.
b) Ctrl + H.
c) Mayús + H.

3. Para optimizar la navegación por internet conviene, de vez en cuando ¿qué acción realizar?

a) Borrar cookies y caché.
b) Dejarlo todo como está.
c) Navegar sobre todo de noche cuando hay menos tráfico.

4. ¿Qué utilizan actualmente los proveedores de internet para dotar de IPs a los clientes y facilitarles acceso a internet?

a) CGNAT.
b) Virtual Com.
c) DNS.

5. El tipo de comercio utilizado para realizar transacciones entre consumidores particulares se denomina:

a) B2B.
b) B2C.
c) C2C.

6. ¿Cuál de las siguientes aplicaciones se utiliza para chats o videoconferencias?

a) Facebook.
b) Skype.
c) Onedrive.

7. Para convertir un nombre de dominio en una dirección IP pública a la que poder acceder se hace uso de:

a) DNS.
b) NDS.
c) SDN.

8. En los contenidos Web debería prevalecer para facilitar su visualización y navegabilidad, ¿qué característica?

a) La simplicidad y claridad.
b) El diseño y la multitud de datos.
c) La inclusión de la mayor cantidad de datos posible para que el usuario tenga todo a su disposición.

9. El nuevo protocolo de asignación de IP previsto para disponer de más números se denomina:

a) IPv4.
b) IPv6.
c) IPv5.

10. Para proteger nuestro PC de accesos indeseados, se puede hacer uso de:

a) Gateway.
b) Router.
c) Firewall.

11. La organización que vela por los estándares a utilizar en la Web se denomina:

a) W3C.
b) WAC.
c) 3WC.

12. ¿Cuál de los siguientes términos no está relacionado con protocolos de Internet?

a) TCP/IP.
b) HTTP.
c) Java.

13. ¿Cómo se denomina a la red local de datos?

a) WAN.
b) UMTS.
c) LAN.

14. La publicidad en la red de Internet se conoce como:

a) Banner.
b) Pop-Ups.
c) Chats.

15. El contenido de la red y los niños es un tema que se trata en una disciplina denominada:

a) Ciberética.
b) Proveedores.
c) El protocolo TCP.

16. ¿Qué servicios se pueden utilizar para hacer copias de seguridad de datos o compartir archivos en la nube?

a) Facebook.
b) DropBox.
c) Twitter.

17. ¿Qué son las cookies de un navegador Web?

a) Son una memoria para acceder mas rápidamente a las webs.
b) Son los datos del usuario que se almacenan al acceder a ciertas webs para agilizar su uso en futuros accesos.
c) Son elementos que dificultan la navegación a través de internet.

18. ¿Cuándo apareció el primer navegador Web?

a) En 1980.
b) En 1989.
c) En 1990.

19. La memoria donde se carga parte de la página web que se visita para navegar mas rápido y transmitir únicamente los cambios en la misma se denomina:

a) Cookie.
b) Caché.
c) Historial.

20. ¿Qué formato de compresión de imágenes se suele usar para las webs?

a) RAW.
b) MPEG.
c) JPG.

21. Los enlaces a páginas web o partes de un documento se denominan:

a) Vínculos.
b) Anclas.
c) Extensiones.

22. ¿Cómo se denomina al objeto referente a guardar una página web para visitarla de forma mas fácil posteriormente?

a) Marcador.
b) Favorito.
c) Las dos respuestas anteriores son correctas.

23. Indica cuál de las siguientes direcciones IP es errónea:

a) 192.168.2.1
b) 192.256.2.5
c) 80.52.63.5

24. Indica cuál de las siguientes opciones no es un navegador de Internet:

a) Edge.
b) Chrome.
c) Filezilla.

25. ¿Cuál es una de las particularidades del protocolo TCP/IP?

a) Es un protocolo específico para dispositivos móviles.
b) No permite detectar paquetes perdidos.
c) Permite identificar paquetes no recibidos y solicitarlos de nuevo.

26. ¿Qué afirmación es correcta al respecto de Internet?

a) Internet es una red de ordenadores centralizada.
b) Internet es una red de ordenadores descentralizada.
c) Internet es un conjunto de ordenadores sin relación de ningún tipo.

27. ¿Qué pretenden los operadores con el uso del CG-NAT?

a) Usar una misma IP pública para varios usuarios.
b) Aumentar la velocidad de las conexiones.
c) Generar más tráfico en la red.

28. Para preservar la confidencialidad de la información, convendrá usar ¿qué buscador de contenidos?

a) Google.
b) Bing.
c) Duckduckgo.

29. Indica cuál de las siguientes opciones no es un buscador de internet:

a) Google.
b) DuckDuckGo.
c) Gmail.

30. ¿Qué es un dominio informático en relación con Internet?

a) Una posesión.
b) Una dirección única en internet.
c) Un hardware para conectarse más rápidamente.

31. ¿Cuál es la forma de acceso a internet más utilizada a día de hoy en los hogares?

a) Modem RTC.
b) UMTS.
c) Fibra.

32. Para conectar con un ordenador remoto con la finalidad de darle órdenes se utiliza el protocolo:

a) Telnet.
b) HTML.
c) TCP/IP.

33. Para navegar con seguridad es conveniente realizar ¿cuál de las siguientes opciones?

a) Entrar solo en sitios conocidos.
b) Usar antivirus.
c) Todas las respuestas anteriores son correctas.

34. El símbolo utilizado para separar el nombre de usuario del servidor en las direcciones de correo electrónico es:

a) Q
b) O
c) @

35. ¿Cuál no es una característica de Google Chrome?

a) Velocidad.
b) Seguridad.
c) Todas son correctas.

36. ¿Cuál de los siguientes elementos no concuerda con el resto?

a) Mac.
b) Tablet .
c) Chrome.

37. ¿Cómo se llama la zona para almacenar accesos directos de webs en Edge?

a) Historiales.
b) Marcadores.
c) Favoritos.

38. ¿Cuál de las siguientes opciones no es un motor de búsqueda que Microsoft Edge nos permita elegir en su configuración?

a) Ecosia.
b) Semantic.
c) Yahoo! España.

39. Desde el interfaz de Chrome, podemos tener accesos a las cuentas de Google, ¿cuál de las siguientes no es una cuenta real?

a) OneDrive.
b) Google+.
c) Gmail.

40. ¿Cuál de estas características es aplicable al protocolo IP?

a) Ensambla la información.
b) Fragmenta en paquetes.
c) Dirige datagramas.

41. ¿En qué navegador se pueden colocar las pestañas de manera vertical?

a) En Chrome.
b) En Internet Explorer versión 11.
c) En Microsoft Edge.

42. ¿Cuál es el buscador por defecto en Explorer?

a) Bin.
b) Bineg.
c) Bing.

43. ¿En qué navegador se descargan periódicamente actualizaciones de listas negras?

a) En Internet Explorer 11.
b) En Microsoft Edge.
c) En Chrome.

44. ¿Qué es la WWW?

a) Una URL de una página web.
b) Un conjunto de protocolos.
c) Un servidor de ficheros.

45. ¿Qué navegador está integrado en Windows 10?

a) Chrome.
b) Explorer.
c) Edge.

46. ¿Qué es un navegador web?

a) Software que nos permite ver la información de las páginas web.
b) Programa que nos permite ver la información de las páginas web.
c) Todas son correctas.

47. ¿Qué significa HTTPS?

a) Protocolo Seguro de transmisión de datos.
b) Protocolo Seguro de transmisión de Hipertexto.
c) Protocolo Seguro de transmisión de Hipervínculos.

48. ¿Cuál de los siguientes no es un protocolo de internet?

a) IP.
b) HTTPS.
c) HYP.

49. ¿Cuál es una característica de Google Chrome?

a) Velocidad.
b) Seguridad.
c) Todas son correctas.

50. ¿Cuál de las siguientes situaciones deben manejarse con protocolo HTTPS?

a) Transacciones bancarias.
b) Compras en la red.
c) Todas son correctas.

Solución al test n.º 13

1. b) Server.

2. b) Ctrl + H.

3. a) Borrar cookies y caché.

4. a) CGNAT.

5. c) C2C.

6. b) Skype.

7. a) DNS.

8. a) La simplicidad y claridad.

9. b) IPv6.

10. c) Firewall.

11. a) W3C.

12. c) Java.

13. c) LAN.

14. a) Banner.

15. a) Ciberética.

16. b) DropBox.

17. b) Son los datos del usuario que se almacenan al acceder a ciertas webs para agilizar su uso en futuros accesos.

18. c) En 1990.

19. b) Caché.

20. c) JPG.

21. a) Vínculos.

22. c) Las dos respuestas anteriores son correctas.

23. b) 192.256.2.5

24. c) Filezilla.

25. c) Permite identificar paquetes no recibidos y solicitarlos de nuevo.

26. b) Internet es una red de ordenadores descentralizada.

27. a) Usar una misma IP pública para varios usuarios.

28. c) Duckduckgo.

29. c) Gmail.

30. b) Una dirección única en internet.

31. c) Fibra.

32. a) Telnet.

33. c) Todas las respuestas anteriores son correctas.

34. c) @

35. c) Todas son correctas.

36. c) Chrome.

37. b) Marcadores.

38. b) Semantic.

39. a) OneDrive.

40. b) Fragmenta en paquetes.

41. c) En Microsoft Edge.

42. c) Bing.

43. c) En Chrome.

44. b) Un conjunto de protocolos.

45. c) Edge.

46. c) Todas son correctas.

47. b) Protocolo Seguro de transmisión de Hipertexto.

48. c) HYP.

49. c) Todas son correctas.

50. c) Todas son correctas.

TEST N.º 14

Seguridad de la información del marco de Competencias DIGICOMP

1. ¿Cuántas áreas competenciales principales define el Marco Europeo de Competencias Digitales para la Ciudadanía (DIGCOMP)?

a) Cuatro: Alfabetización, Comunicación, Seguridad y Resolución de problemas.
b) Tres: Alfabetización, Creación de contenido y Seguridad.
c) Cinco: Alfabetización en información y datos, Comunicación y colaboración, Creación de contenido digital, Seguridad y Resolución de problemas.

2. ¿Cuál es uno de los roles fundamentales que desempeña el Marco DIGCOMP a nivel europeo, según se describe en las fuentes?

a) Promover la unificación de los sistemas operativos de los dispositivos digitales utilizados en la UE.
b) Actuar como referencia común para diseñar políticas y programas de formación.
c) Facilitar que los responsables políticos diseñen las infraestructuras de red de alta velocidad.

3. A diferencia de otros enfoques centrados exclusivamente en la ciberseguridad, ¿hacia dónde amplía el Área 4 de DIGCOMP su visión, adoptando un modelo más integral?

a) Únicamente la prevención de ataques de *ransomware* y fraudes económicos.
b) La protección de dispositivos y la encriptación de datos sensibles.
c) No solo protege dispositivos y datos, sino también a las personas, su bienestar y el entorno.

4. DIGCOMP asume que la seguridad no consiste solo en evitar amenazas. ¿En qué debe enfocarse el usuario además de la prevención de incidentes, según el texto?

a) En la adquisición constante de software antivirus y firewalls.
b) En la memorización de la normativa legal sobre protección de datos.
c) En desarrollar la capacidad de comprender el riesgo, anticiparlo y adoptar comportamientos responsables.

5. Además de metas operativas, el Área 4 pretende que los ciudadanos europeos desarrollen una competencia que está ligada a metas de naturaleza:

a) Educativas y éticas.
b) Financiera y de inversión.
c) Burocráticas y administrativas.

6. Según el apartado "Sabías que...", la mayoría del *malware* se instala porque el propio usuario interactúa con un archivo engañoso. Este hecho subraya que la mayoría de los ataques:

a) Son sofisticados y utilizan la inteligencia artificial para eludir la detección.
b) Dependen de la interacción del usuario, lo que hace esencial la educación digital.
c) Se producen por falta de *hardware* actualizado y potente.

7. ¿Cómo se denomina el riesgo asociado a la conexión de dispositivos a cargadores USB desconocidos, que pueden ser utilizados para ataques o robo de datos?

a) Juice jacking.
b) Grooming.
c) Phishing.

8. En el contexto de la subcompetencia 4.1, un riesgo significativo es el uso de redes Wi-Fi abiertas o no protegidas en espacios públicos. ¿Qué medida DIGCOMP es la más recomendada para evitar la intercepción del tráfico de datos en estos entornos?

a) Cambiar la contraseña predeterminada del *router* antes de conectarse.
b) Desactivar todas las conexiones inalámbricas excepto la Wi-Fi.
c) El uso de una VPN para cifrar las comunicaciones.

9. ¿Cuál es la estrategia de seguridad considerada la mejor protección ante pérdidas de información por fallos del sistema, robos o infecciones de *malware* en los dispositivos?

a) Mantener un *firewall* avanzado siempre activado.
b) El uso de autenticación multifactor en todos los servicios.
c) La realización de copias de seguridad (backups) periódicas y guardadas en múltiples destinos.

10. Un ciudadano que tiene la capacidad de analizar el impacto de seguridad en una red doméstica compleja y auditar sistemas para anticipar riesgos, ¿a qué nivel de dominio del Área 4.1 (Protección de dispositivos) pertenece, según la tabla DIGCOMP?

a) B1 (Intermedio 1).
b) C1 (Avanzado 1).
c) C2 (Avanzado 2).

11. ¿Qué categoría de datos personales goza de una protección reforzada debido a que su divulgación indebida puede afectar gravemente a los derechos y libertades de la persona (ej. datos de salud o creencias religiosas)?

a) Datos identificativos (nombre, DNI, dirección).
b) Datos generados por los dispositivos (IP, IMEI).
c) Datos sensibles o especialmente protegidos.

12. ¿Cómo concibe el Marco DIGCOMP la gestión de la privacidad en el entorno digital actual, considerando que requiere conocimientos, habilidades y actitudes en el usuario?

a) Como un derecho pasivo, garantizado por las normativas legales europeas.
b) Como una competencia activa, que se aprende, se practica y se actualiza.
c) Como una configuración estática y puntual de los sistemas operativos.

13. ¿Cuál de los siguientes principios de protección de datos según DIGCOMP implica configurar perfiles y servicios para exponer la menor cantidad posible de información?

a) Privacidad por defecto.
b) Minimización de datos.
c) Transparencia.

14. ¿Qué categoría de datos personales incluye el historial de navegación web, la ubicación geográfica o los patrones de compra, ya que no siempre son facilitados directamente por el usuario, sino que se obtienen a partir de su actividad digital?

a) Datos generados por los dispositivos.
b) Datos derivados o inferidos.
c) Datos identificativos.

15. ¿Cuál de los siguientes riesgos derivados de la gestión deficiente de datos personales está directamente relacionado con la posibilidad de que terceros realicen compras no autorizadas o soliciten créditos a nombre de la víctima, tras una filtración?

a) Fraude económico.
b) Pérdida de control sobre la identidad digital.
c) Publicidad invasiva.

16. En la subcompetencia 4.3, ¿qué conducta nociva repetida y dañina se realiza mediante tecnología e incluye insultos, amenazas o difusión de rumores?

a) Ciberacoso.
b) Grooming.
c) Infoxicación.

17. Dentro de la Ergonomía digital, ¿cuál es la distancia recomendada entre los ojos y la pantalla para proteger la salud física?

a) Menos de 30 cm.
b) Más de 100 cm.
c) 40–70 cm.

18. Para el teletrabajo prolongado, ¿qué regla se menciona específicamente para mitigar la fatiga visual?

a) Realizar una pausa de 10 minutos cada hora.
b) La regla 20-20-20 (cada 20 minutos, mirar 20 segundos a 20 pies/6 metros).
c) Utilizar únicamente pantallas de tinta electrónica.

19. ¿Cuál es la consecuencia directa de revisar el móvil antes de dormir, según la tabla de errores frecuentes del usuario?

a) Alteración del sueño.
b) Fatiga mental.
c) Dolor musculoesquelético.

20. ¿Qué dimensión del bienestar social incluye la capacidad de gestionar conflictos, tener empatía *online* y aplicar normas para comunicarse respetuosamente?

a) Protección de menores.
b) Gestión de la sobrecarga de información.
c) Netiqueta.

21. ¿Cuál es la idea fundamental en la que se basa la sostenibilidad digital (subcompetencia 4.4)?

a) Que el uso de tecnologías digitales no genera impacto ambiental directo ni consumo energético.
b) Que lo digital no es inmaterial y que implica consumo energético, extracción de minerales y generación de residuos.
c) Que el coste energético solo se produce en la fase de fabricación de los dispositivos.

22. ¿Cuál de los siguientes elementos es uno de los factores clave del impacto digital debido a la rápida obsolescencia tecnológica y la dificultad de reciclar metales y componentes?

a) El coste oculto del almacenamiento en la nube.
b) Las emisiones indirectas de CO_2 generadas por la navegación.
c) La generación de residuos electrónicos (RAEE).

23. ¿Cuál de las siguientes prácticas es la que se identifica como la que más energía consume, debido a la codificación, la transmisión por redes de alta velocidad y el almacenamiento temporal en servidores, especialmente en alta resolución?

a) El *streaming* y contenido multimedia (vídeo en 4K).
b) El envío de mensajes de texto simple.
c) La edición de documentos de texto *offline*.

24. Según los principios de sostenibilidad digital de DIGCOMP, ¿cuál de las siguientes acciones se corresponde con la Racionalización del consumo tecnológico?

a) Evaluar si realmente se necesita adquirir un dispositivo nuevo o si se puede prolongar la vida del actual mediante reparaciones.
b) Evitar por completo el uso de la nube y almacenar todos los datos en dispositivos locales.
c) Apagar la cámara y usar fondos estáticos en todas las videollamadas.

25. ¿Cómo se define el uso de la tecnología que promueve la subcompetencia de sostenibilidad digital?

a) Usar la tecnología en menor medida y evitar las interacciones digitales siempre que sea posible.
b) Utilizarla de manera más consciente, eficiente y responsable, reduciendo la huella ambiental.
c) Garantizar el uso exclusivo de dispositivos fabricados con materiales 100% reciclables.

Solución al test n.º 14

1. c) Cinco: Alfabetización en información y datos, Comunicación y colaboración, Creación de contenido digital, Seguridad y Resolución de problemas.

2. b) Actuar como referencia común para diseñar políticas y programas de formación.

3. c) No solo protege dispositivos y datos, sino también a las personas, su bienestar y el entorno.

4. c) En desarrollar la capacidad de comprender el riesgo, anticiparlo y adoptar comportamientos responsables.

5. a) Educativas y éticas.

6. b) Dependen de la interacción del usuario, lo que hace esencial la educación digital.

7. a) Juice jacking.

8. c) El uso de una VPN para cifrar las comunicaciones.

9. c) La realización de copias de seguridad (backups) periódicas y guardadas en múltiples destinos.

10. c) C2 (Avanzado 2).

11. c) Datos sensibles o especialmente protegidos.

12. b) Como una competencia activa, que se aprende, se practica y se actualiza.

13. a) Privacidad por defecto.

14. b) Datos derivados o inferidos.

15. a) Fraude económico.

16. a) Ciberacoso.

17. c) 40–70 cm.

18. b) La regla 20-20-20 (cada 20 minutos, mirar 20 segundos a 20 pies/6 metros).

19. a) Alteración del sueño.

20. c) Netiqueta.

21. b) Que lo digital no es inmaterial y que implica consumo energético, extracción de minerales y generación de residuos.

22. c) La generación de residuos electrónicos (RAEE).

23. a) El *streaming* y contenido multimedia (vídeo en 4K).

24. a) Evaluar si realmente se necesita adquirir un dispositivo nuevo o si se puede prolongar la vida del actual mediante reparaciones.

25. b) Utilizarla de manera más consciente, eficiente y responsable, reduciendo la huella ambiental.

Cómo acceder al Curso

Auxiliar Administrativo/a
Test del temario común

El uso de los códigos **es exclusivo de los compradores de los productos de Editorial MAD**. Cada producto posee un código único y de un solo uso. Es personal e intransferible y da acceso a servicios y contenidos adicionales. Editorial MAD se reserva el derecho de hacer cuantas comprobaciones sean necesarias para identificar al legítimo poseedor del código y dejar de dar servicio a quien haga uso fraudulento del mismo, además de emprender cuantas acciones legales estime oportunas según la legislación vigente.

Deberás acceder a:

mad.es/registro-campus

Si una vez aceptadas las condiciones de uso del Campus decides hacer uso del mismo, necesitarás del siguiente código de acceso junto con los códigos del resto de títulos que se exigen (si fuera el caso):

EHB1A6D58W